ヨハネ福音書を読もう 上

対立を超えて

MATSUMOTO, Toshiyuki
松本敏之

日本キリスト教団出版局

聖書の引用は、基本的に『聖書　聖書協会共同訳』（日本聖書協会）に基づく。

はじめに

ヨハネ福音書には、心に響く名言がたくさん出てきます。冒頭の「初めに言《ことば》があった。言は神と共にあった。言は神であった」（1・1）という言葉は、謎に満ちていますが、いきなり私たちをヨハネ福音書独特の世界に引き込んできます。「神は、その独り子をお与えになったほどに、世を愛された。御子を信じる者が一人も滅びないで、永遠の命を得るためである」（3・16）という言葉は、小聖書と呼ばれ、聖書全体のメッセージを一言で言い表しているようです。「私はぶどうの木、あなたがたはその枝である」（15・5）が愛唱聖句であるという方も多いでしょう。「あなたがたには世で苦難がある。しかし、勇気を出しなさい。私はすでに世に勝っている」（16・33）という言葉は、私の青年時代からの愛唱聖句です。この言葉にどれほど励まされてきたかわかりません。その他にも、魅力的な言葉がたくさん出てきます。皆さんも、この本を読みながら、ぜひ、そうした言葉と出あってください。

ただヨハネ福音書には、他の三つの福音書（共観福音書）にはない独特の難しさがあります。一つの出来事の後で、イエス・キリストの長い神学的な説話が続いたり、それがいつの間にかヨハネ福音書記者（ヨハネ福音書を書いた人）の言葉と区別がつかなくなったりします。一人で読んでいてもなかなかわからない。この書物が、そうした時に理解の一助になればと思います。

ヨハネ福音書は、いつどこで誰によって書かれたのでしょうか。伝統的にはイエスの弟子ゼベダイの子ヨハネ（マルコ3・17など）によって書かれた、そしてこの福音書に登場する「愛する弟子」（13・23、19・26、20・2など）こそ、そのヨハネであるとされてきましたが、今ではそれを支持する人はほとんどいません。ただし「愛する弟子」と福音書の成立は無関係でもありません。ヨハネ福音書は、紀元八〇年代の終わりから九〇年代の初め頃に、「愛する弟子」の権威のもとにあった教会の中で執筆されたと言われます。ヨハネ福音書記者とその教会は、当時、ユダヤ教の会堂から異端と宣告されて追放されるなど厳しい試練に遭っていたので、逆に「ユダヤ教ナザレ派（イエス派）」的な地位を脱して、自分たちのアイデンティティーを確立し、それを示す必要に迫られたのです。執筆場所はエフェソというのが定説でしたが、現在はそうした事情も鑑みてパレスチナかシリアの可能性が高いと言われます。

ヨハネ福音書の構成は、以下のようになっています。

第一部　序文　1章
第二部　しるしによる活動　2～12章
第三部　最後のしるし――受難と復活　13～20章
第四部　復活のイエスと証人たち　21章
(『新共同訳 新約聖書注解Ⅰ』、日本キリスト教団出版局、および『新共同訳 新約聖書略解』、日本キリスト教団出版局を参照。いずれも執筆者は松永希久夫)

私は、伝統的なプロテスタントのキリスト教理解に立ちつつ、二十世紀後半に生まれたエキュメニカル神学（世界全体をひとつの神の家と見ようとする神学）や解放の神学（歴史の下側に置かれてきた人たちの視点から世界や聖書を見直そうとする神学）から多くのことを学んできた者ですが、この書物にもそうした姿勢が反映されています。「対立を超えて」という副題にも、その思いが込められています。

ヨハネ福音書では、ユダヤ教との対決姿勢が鮮明に表れ、イエス・キリストの論敵が単に「ユダヤ人たち」と記されることが多いのですが（8・48、9・22など）、そこにはさきに述べたようなヨハネ福音書執筆当時の状況が二重写しになっているのです。ただしその頃にはマイノリティーであったキリスト教が次第にマジョリティーになっていく過程で、そのような記述や表現がキリスト教会の反ユダヤ主義を助長したのではないかと思っています。ですから、本書では、聖書に「ユダヤ人たち」と書いてあるところでも、「当時のユダヤ人たち」とか、「ユダヤ人の宗教的指導者たち」などと記すように努めました。

本書は、「恩寵と真理」誌（同信社、二〇一四年四月号～二〇一八年四月号）に掲載された「ヨハネ福音書を読もう」の原稿をもとにしていますが、引用する聖書本文を新共同訳から聖書協会共同訳に改め、メッセージ全体も見直しました。全体のバランスから、上巻ではヨハネ福音書10章までを扱いました。

それでは、ヨハネ福音書を読む旅に出かけましょう。もちろん、どこから読んでいただいてもかまいません。

目次

装丁原案・桂川　潤、装丁・デザインコンビビア

1　初めに言《ことば》があった

1章1〜4節

言はロゴス

ヨハネ福音書は、マタイ福音書やルカ福音書と違って、いわゆるクリスマスの物語は記しておりません。ヨセフもマリアも天使も登場しません。ヨハネはそのようなクリスマス物語の代わりに、独特のプロローグ、序文をおきました。

初めに言《ことば》があった。言は神と共にあった。言は神であった。この言は、初めに神と共にあった。
（1〜2節）

「言」という一文字で「ことば」と読ませています。そこには、これは普通の「言葉」とは違うのだという思いと、それでもこれは「ことば」としか言いようのないものなのだ、という思いの両方が込められています。

これは原文ではロゴスというギリシア語です。英語で「〇〇論」「〇〇学」という時に、「〇〇ロジー」という言葉を使います（生物学はバイオロジー、神学はセオロジーなど）が、その「ロジー」は、この「ロゴス」から来ています。「ロゴス」というギリシア語には、言葉をはじめ理性、論理、定義などの意味があります。ヨハネ福音書記者は、その言葉を特別な意味を込めて使ったのです。それはこの世界に来られる前のイエス・キリストを、名前を用いないで言い表すということでした。

歴史的な日本語訳聖書

ちなみにヨハネ福音書の冒頭を何と訳しているか、日本語のいろいろな聖書を調べてみました。現存する最古の日本語訳であるギュツラフ訳では、こう訳されていました。

「ハジマリニ　カシコイモノゴザル、コノカシコイモノ　ゴクラクトモニゴザル、コノカシコイモノワゴクラク。ハジマリニコノカシコイモノ　ゴクラクトモニゴザル」

この訳が出されたのは、一八三七年（天保八年）ですから、明治維新の三十一年前ということになります。「カシコイモノ」という言葉には、人格をもった方であるということ、しかも「理性の根源であるお方」というニュアンスがあらわれています。神を「ゴクラク」と訳したのも興味深いことです。

その後、一八七二年（明治五年）にヘボン・ブラウン共訳のヨハネ福音書が出ます。このヘボンは、いわゆるヘボン式ローマ字を開発した人です。この訳では、ロゴスは言霊《ことだま》と訳されました。

「元始《はじめ》に言霊あり、言霊は神とともにあり、言霊は神なり。この言霊は、はじめに神とともにあり」。

ここで言葉を意味する「言」という字が用いられますが、それは普通の言葉ではないということで、聖霊の「霊」という字を付け加えたのでしょう。

一八七九年（明治一二年）のN・ブラウン訳では、「ことば」と訳されています。そして一九一七年（大正六年）の有名な文語訳聖書では、すでに「言《ことば》」と訳すのが、主流になっていました。

「太初《はじめ》に言あり、言は神と偕《とも》にあり、言は神なりき。この言は太初に神とともに在り」

ちなみに現代の聖書翻訳で、私が最も心引かれたものは、本田哲郎神父の訳でした。

「はじめから、『ことば』である方は、いた。『ことば』である方は、神のもとにいた。『ことば』である方は、神であった。この方は、はじめから神のもとにいた」（『小さくされた人々のための福音』新世社）。

「言」とは、どういう方か

さまざまな訳によって示されてきた事柄、つまり言とは何か、あるいは誰かということを四つほどの言葉でまとめてみましょう。

第一に、それは単なる神の霊とか、表面的な意味での「神の言葉」を超えた存在、人格をもったお方である、ということです。「カシコイモノ」、『ことば』である方」という表現は、そのことをよく表しています。

第二に、それは神と等しい方です。端的に神だ、と言ってもよいのです。古典的な表現では、「神と同質である」と言います。ヨハネ福音書は、そのことを「言は神と共にあった。言は神であった」という、一見矛盾するような表現で言い表しています。

第三に、それは、最初から、つまり天地創造の前からおられた方だということです。「言」は、人の姿となって二千年前にこの世界に来られたけれども、実はずっと前から父なる神のふところにおられたというのです。

第四に、そのお方は父なる神が天地を創造された時に、それにかかわられたということです（3節）。

ではそういうふうに人格をもった神と等しいお方が、なぜあえて「言」と言われるのでしょうか。

そこにはやはり積極的な意味があると思うのです。

言葉とは、ただ事柄の伝達手段ではありません。それは意志を表しています。この場合で言うと、神の意志です。このヨハネ福音書の冒頭は、創世記1章冒頭の天地創造の記事を下敷きにして記されたと言われます。神がこの天地を創造された時、すでにこの世界、歴史、そして人間に対する神の意志があった。その神の意志が、言葉を通して、天地創造という出来事を起こしたのだと告げるのです。

聖書の言葉は、言いっぱなしの無責任な言葉ではありません。言葉が出来事を起こす力をもっているのです。神は意志をもって世界を創造された。その神の意志を的確に伝えるために、「言」が存在しました。

その「言の内に成ったものは、命であった」と続きます。神はいろいろなものを創造されましたが、一番の創造とは、やはり命であったと思います。人間はいろいろなものを作れるようになりました。科学技術も進歩してきました。「人間もだんだん神様に近づいてきた」とおごることがあるかもしれません。しかし命だけはどこまでも神に帰すべきものです。クローンというものもありますが、それも厳密な意味では、命の創造ということにはならないでしょう。

神が最初の人間をお造りになった時の様子が、創世記に描写されています。「土の塵で人を形づくり、その鼻に命の息を吹き込まれた。人はこうして生きる者となった」(創世記2・7)。素朴な表現ですが、神こそが命の源であるという根源的な事柄をリアルに語っていると思います。

その命の源がロゴス、すなわちイエス・キリストであったということを、この「言の内に成ったものは、命であった」という言葉は語っています。そして「この命は人の光であった」（4節）と続けます。この言葉もまた、イエス・キリストとは誰か、何をするためにこの世界に来られたかを的確に表現しています。

2　光とその証人

1章4～13節

光と闇

言《ことば》の内に成ったものは、命であった。この命は人の光であった。（4節）

創世記によれば、神が「光あれ」と言われると、光がありました。そこには神の強い意志、この歴史をどう導こうとされるのか、という思いが集約されています。それは「光をもたらす」ということでした。

ヨハネ福音書の最初の部分、4節までは過去形で書かれていますが、「光は闇の中で輝いている」（5節）と、突然、現在形の文章が現れます。歴史の彼方で最初に天地を照らしたあの光は、この世界を照らし続け、今も私たちを照らしています。

光と闇は、どう関係しているのでしょうか。量的に言えば、私たちの世界は闇のほうが大きく、闇が光を圧倒しているように思えます。しかし実は将来を指し示しているのは、光のほうなのです。「闇は光に勝たなかった」（5節）とあります。新共同訳では「暗闇は光を理解しなかった」と訳されていました。前回紹介した本田哲郎訳聖書では、「暗やみが、その光をしのぐことはなかった」となっています。

たとえ私たちが闇に包まれようとも、光のほうが将来を指し示しており、そこに、神が天地を造られた目的があります。そしてそれをはっきりと伝えるために、神はイエス・キリストをこの世界に遣わされました。「まことの光があった。その光は世に来て、すべての人を照らすのである」（9節）。私たちは、そのことを心に留めたいと思います。

光の証人ヨハネ

一人の人が現れた。神から遣わされた者で、名をヨハネと言った。（6節）

ヨハネ福音書は、洗礼者ヨハネが神から遣わされた人物であることをはっきりと記しながら、こう続けます。「この人は証しのために来た。光について証しをするため、また、すべての人が彼によって信じる者となるためである」(7節)。

洗礼者ヨハネ自身も、輝く人物でした。ヨハネ福音書は、5章35節では、「ヨハネは燃えて輝く灯であった」と記しています。しかしながら、彼が輝いていたのは彼自身が光であったからではなく、まことの光を身に受けて、いわばその光を映し出していたからです。

クリスマスが十二月二十五日であるのは、ローマで行われていた冬至のお祭りに由来しているようです。冬至は、一年のうちで最も夜が長い日です。その日からだんだん昼が長くなっていきます。そういう日こそ、「まことの光として」この世に来られた主イエスの誕生を祝うのに最もふさわしいと考えられたのでしょう。

私は、かつてブラジルで宣教師として過ごしました。ブラジルは南半球にありますので、クリスマスは真夏です。今述べたことからすると、南半球では、最もクリスマスにふさわしくない時期にクリスマスをお祝いしているのかなという気もします。

ブラジルの冬至と言えば、六月の終わりです。ブラジルには、六月の終わりにもクリスマスと並ぶ国民的なお祭りがあります。それは洗礼者ヨハネの誕生を祝う日です(六月二十四日)。洗礼者ヨハネの誕生日が六月二十四日に定められているのは、ルカによる福音書1章にあるマリアの受胎告知の記事に基づいています。天使ガブリエルがイエス・キリストの母となるマリアに現れて、「あなたの親類エリサベトも、老年ながら男の子を身ごもっている。不妊の女と言われていたのに、もう六か月になっている」（ルカ1・36）と告げます。このエリサベトの子どもこそ、後の洗礼者ヨハネでした。マリアが身ごもった時にエリサベトが妊娠六か月であったということから、洗礼者ヨハネの誕生日もクリスマスからちょうど六か月前と算定したのでしょう。

それは気候的に言えば、ちょうど北半球のクリスマスに近い、あるいはクリスマスの祝いを補完するような感じかな、と思いました。

この時はブラジルで最も寒い時期ですから、サンパウロあたりではたき火をいたします。伝説によれば、エリサベトがたき火によって、マリアにヨハネの誕生を知らせたということになっていました。このお祭りは収穫感謝祭も兼ねていて、農村では一年で最も裕福で、楽しい時でもあります。

キリストを拒否するか、受け入れるか

言は世にあった。世は言によって成ったが、世は言を認めなかった。（10節）

この世界はイエス・キリストの意志で造られたにもかかわらず、イエス・キリストが直接やって来られた時に、そのイエス・キリストを認めなかったというのです。「言は自分のところへ来たが、民は言を受け入れなかった」（11節）。そして人々も受け入れなかった。「自分」というのを「選ばれたイスラエルの民」と読むこともできるかもしれませんが、私は端的に、私たちも含めたすべての人間のことを言っていると受けとめるほうがよいと思います。これは、言い換えれば、「自分の家に来たのに、家の者から他人のような扱いを受けた」（柳生直行訳）ということです。

まことの光がもたらされた時に、闇のような世界にはそういう拒否反応がある。本当のもの、真実なものがやって来る時に、偽りの世界では、それをいやがって、あるいはこわがって、拒否するような反応が起きる。あるいは真理の光自体が、それを受け入れるか拒否するか、この世界を分断させるような力をもっているとも言えるでしょう。イエス・キリストは別のところで、自分は「剣をもたらすために来た」（マタイ10・34）と言われました。そのように鋭く、人を峻別するような力をもった言として来られたということです。ただ私は、それを踏まえながら、むしろその後に続く言葉に注目したいのです。

「しかし、言は、自分を受け入れた人、その名を信じる人々には、神の子となる権能を与えた」（12節）。「権能」と訳された言葉（エクスーシアー）は、幅広い意味をもった言葉です。新共同訳聖書では「資格」、口語訳聖書では「力」、文語訳聖書では「権」と訳されていました。「（選択の）自由」という意味もあります。内容的に言えば、12節は、「ただただイエス・キリストを受け入れること、その名を信じることによって、人は神の子となることができる。神の子とされる」ということでしょう。そしてそのような神の子は、「血によらず、肉の欲によらず、人の欲にもよらず、神によって生まれた」（13節）というのです。これは、私たちに無条件で与えられている本当に大きな福音です。

3　言は肉となった　1章14～18節

神が人となる

言《ことば》は肉となって、私たちの間に宿った。（14節）

これは、とてつもなく大きな事柄を語っています。それは私たちの歴史と常識を根底から覆すほどの大事件でした。

私たちの常識からすれば、神と人間は違います。人間のほうはいつも神のようになりたいという思いをもっていました。アダムとエバが蛇にそそのかされて、神様が食べてはならないと言われた木の実を食べてしまったのは、「神のようになりたい」と思ったからでした（創世記3・4～6）。天にまで届くバベルの塔を建てようとしたのも、「神のようになりたい」と思ったからではないでしょうか

（同11・4）。しかしそれは不信仰であり、神はそのような人間の思いをうち砕かれました。

その後も、神様は預言者たちを遣わして、神と人間は違うのだということを示し続けてこられた。それが旧約聖書の歴史です。神と人間を混同するのは、神を冒瀆《ぼうとく》することに他なりませんでした。神と人間は別物であり、決して混じり合わない。神様のほうでも一線を引いてこられました、二千年前のクリスマスの日までは。

しかしその日、天地がひっくりかえるような出来事、神が人間の体をもって、私たちの世界に入ってくるというとんでもない大事件が起きたのでした。

この事件を知らされたのはほんのわずかな人々でした。それはマリアであり、ヨセフであり、羊飼いたちでした。少し遅れて博士たちにも知らされました。

この博士たちを通して、その国の王ヘロデもそのことを知りました。彼はこの事件のもつ大きな意味を、わずかながら直感いたしました。「もしそれが本当なら、とんでもないことになる。自分の地位も危ない」。しかしそれはヘロデが感じたよりも、はるかに大きな意味をもつ出来事でした。

神の大きな決意

神様は永遠なるお方です。世の初めより終わりまでおられる方、アルファでありオメガです。とこしえに絶えることがない。当時のギリシア世界では、そういうお方は決して、滅ぶべき肉体をとらないと考えられていました。これは私たちの現代の常識にも通じることです。しかしヨハネ福音書は、それを意識しながら、あえてそれに挑戦するかのように記したのです。「言は肉となって、私たちの間に宿った」。

それは永遠のお方が時間の中に入ってこられたということ、どんな場所にも限定されないお方が、あえてある場所の中に入ってこられたということ、無限のお方が有限の世界に入ってこられたということです。神が人となるとは、そういうことなのです。

なぜあえてそのようなことをなさったのか。私は神様の中で、何か大きな決意が起こったのであろうと思うのです。16節にはこう記されています。「私たちは皆、この方の満ち溢れる豊かさの中から、恵みの上にさらに恵みを与えられた」。神様はそのように恵みに満ちあふれたお方であるから、それがあふれ出てきた。恵みが神様ご自身の中にとどまることができず、私たちの世界にまで到達した。そういう出来事であったのです。その神様の決意とは、愛と関係のある決意でした。

神が身をかがめる

ホセア書11章は、その神の愛について、最もよく記している箇所のひとつです。

私は人を結ぶ綱、愛の絆で彼らを導き
彼らの顎《あご》から軛《くびき》を外す者のようになり
身をかがめて食べ物を与えた。（ホセア書11・4）

神様ははるかに人間を超えたお方です。神様と人間は、全く大きさが違います。ですからその神様が人間に何かを食べさせようとすると、神様は人間に合わせて身をかがめなければならない。ご自分のほうから体のサイズを人間に合わせてくださったというのです。クリスマスの予感がします。

しかし神様がそのように一心に愛を注いでいるのに、神の民は御心に逆らい、自ら滅びようとしている。神様は、それに対して、「もう好きなようにするがいい。滅びるならお前たちの責任だ」と言いながら、突き放して行ってしまおうとされます（同5～7節）。

ところがどうでしょうか。そこで突然、何かを思い返したように引き返してくるのです。

エフライムよ
どうしてあなたを引き渡すことができようか。……（同8節）

自分の愛する者が滅んでいくのを無視して立ち去ることができない。そして次のように言います。

私の心は激しく揺さぶられ
憐れみで胸が熱くなる。（同8節）

これが神様の愛です。「恵みと真理とに満ち」たお方の愛とは、ある意味で神様らしくなく、じっとしていられない姿であらわれるのです。

ホセア書の言葉は、この後、すうっと興奮が落ち着いていく感じがします。そしてこう告げます。

私はもはや怒りを燃やさず
再びエフライムを滅ぼすことはない。（同9節）

この8節と9節の間には大きなギャップがあります。私はこの行間に、何かしら神様の大きな決意を感じるのです。神様は、人間が自ら滅んでいくのをそのままにすることはできず、体を張って阻止するために何かとてつもない決意をなさったのではないか。

私は神であって、人ではない。
あなたのただ中にあって聖なる者。
怒りをもって臨むことはない。（同9節）

神様は、「私は神」「聖なる者」と宣言されました。この宣言は、神は人間を超越していて、何があっても動じないと理解されそうです。しかしここではそうではなく、愛の面で超越している神の姿を表します。人間であれば、悪いことをされたら、あるいは裏切られたら、相手を憎み、怒りをもって報復したくなるでしょう。しかし、そうはしないというのです。それが、「神であって、人ではない」ということなのです。そして不思議なことが起こりました。愛がけた違いに大きいがゆえに、「私は神であって、人ではない」と言われた神が、その愛のゆえに、こともあろうに逆に人間になってしまったのです。「言は肉となって、私たちの間に宿った」とは、そういう大きな、そして不思議な出来事を語っています。人間が神になることはできませんが、全能の神であれば、私たちの想像を超えたことですが、人間になることだってできるのです。

4　見よ、神の小羊

1章19〜34節

洗礼者ヨハネとは誰か

ユダヤ人たちが、エルサレムから祭司やレビ人たちをヨハネのもとへ遣わして、「あなたはどなたですか」と尋ねさせたとき、彼は公言してはばからず、「私はメシアではない」と言った。

（19〜20節）

洗礼者ヨハネは「もしかすると彼がメシアかもしれない」と人々から思われていたのでしょう。「メシア」（ギリシア語では「キリスト」）とは、本来は「王」「祭司」「油注がれた者」を指し、転じて救い主の称号としても用いられました。そのような風潮を知っていたので、彼は自分からそれを否定したのでした。

すると彼らは、「では、何ですか。あなたはエリヤですか」（21節）と問い返します。ヨハネは「そうではない」と答えました。エリヤは旧約聖書に出てくる預言者で（列王記上17章以下参照）、メシアが登場する前に、その先行者として再び現れると考えられていました。他の福音書では、洗礼者ヨハネこそエリヤであったというふうに書かれているのですが（マタイ17・10〜13など）、ヨハネ福音書では洗礼者ヨハネ自身が「自分はそうではない」と答えます。これは、洗礼者ヨハネの謙虚さを表していると思います。

さらに「あなたは、あの預言者なのですか」と問われ、この問いに対してもヨハネは「違う」と答えました。「預言者」に「あの」という言葉（定冠詞）がついています。英語では“the prophet”です。ですからこれは特定の預言者であり、実際には「メシア」と同義語のようにして用いられていたようです。

申命記の中に、「あなたの神、主は、あなたの中から、あなたの同胞の中から、私のような預言者をあなたのために立てられる」（申命記18・15）とあります。これはモーセの言葉として記されていますので、「あの預言者」とはモーセを指しているという理解もあります。救いの時には、モーセが再来するという期待があったのです。モーセとエリヤは、旧約聖書の中で神によって立てられた人物の代表であり、彼らが再来して救いは完成されると信じられていました。ところが洗礼者ヨハネは、

「自分はメシアではないし、エリヤでもないし、あの預言者でもない」と否定しました。

そこで彼らは、困って「誰なのですか」と洗礼者ヨハネに尋ねます（22節）。

その質問に対して、洗礼者ヨハネは、こう答えました。「私は……『主の道をまっすぐにせよ』と荒れ野で叫ぶ者の声である」（23節）。これは、イザヤ書の言葉を洗礼者ヨハネが自分に当てはめて、一人称で引用したものです。

「主」とは、旧約聖書では主なる神ヤハウェのことですが、ヨハネはそれを主イエス・キリストであると理解し、自分はその道備えをする者、そしてその到来を告げる声と認識していました。

地上ではヨハネが先に登場して道備えをするのですが、天にあっては、その方はずっと昔からおられたというのです（15、30節）。彼はまた、自分とイエス・キリストを比べて、「私はその方の履物のひもを解く値打ちもない」（27節）と言いました。

アニュス・デイ

洗礼者ヨハネは、イエス・キリストを指して、「見よ、世の罪を取り除く神の小羊」（29節）と呼びました。音楽を好きな方であれば、ミサ曲の最後に「アニュス・デイ」があるのをご存じかと思います。これは、「神の小羊」という意味のラテン語です。「神の小羊、世の罪を取り除きたもう神よ、われらを憐れみたまえ」と歌われます。

この言葉は、出エジプト記の物語（12章）が前提になっています。神様がエジプトの地で奴隷になっているイスラエルの民を、エジプトから救い出す話です。モーセはエジプト王ファラオに向かって彼らを去らせるように訴えるのですが、ファラオはそれを聞こうとしません。モーセとファラオの一連のやり取りが続いた後、ついに神様はエジプトの初子をすべて殺すということをモーセに告げられます。「ただし、家の鴨居《かもい》と柱に小羊の血を塗っている家には災いを下さず、災いを過ぎ越す」と言われました。そしてそのとおりになりました。この出来事を背景に、キリスト教では、「イエス・キリストこそは、神ご自身が備えられたまことの犠牲の小羊である」というのです。そこには「この神の小羊によってこそ、世の罪が取り除かれるのだ」という信仰の告白が含まれています。

私はこの方を知らなかった

ここで印象的なことは、「私はこの方を知らなかった」と、洗礼者ヨハネが二度も語っていることです（31、33節）。

「私はこの方を知らなかった。しかし、水で洗礼を授けるようにと、私をお遣わしになった方が私に言われた。『霊が降って、ある人にとどまるのを見たら、その人が、聖霊によって洗礼を授ける人である。』私はそれを見た。だから、この方こそ神の子であると証ししたのである。」

（33～34節）

自分は、一体どの方が来たるべき方であるかは知らなかったけれども、その方はどのようにして来るかを聞かされていた。前もってヒントが与えられていたというのです。それは「その方の上には聖霊が降る」ということです。「それがこの方（イエス・キリスト）の上に実現するのを見たから、それを証しするのだ」というのです。まわりくどいですが、なかなか論理的です。イザヤ書42章1節にある、「私は彼に私の霊を授け　彼は諸国民に公正をもたらす」という言葉を思い起こさせます。

洗礼者ヨハネは、イエス・キリストの上に霊が鳩のように天から降るのを見たと言いますが、果たしてそれは誰の目にも明らかなように降ったのでしょうか。私はむしろわかる人にだけわかるように示されたのではないかと思います。聖霊にはそういうところがあります。わかる人にだけわかる。あるいは見ようとする人にだけわかるのです。

聖霊と鳩には一体どういう結びつきがあるのでしょうか。「ノアの箱舟」の洪水物語の終わりに、水が引いた後、鳩がオリーブの若葉をくわえて戻ってきたという記述があります（創世記8・11）。そこから鳩は平和のシンボルになりましたが、そういうことと関係があるのかもしれません。あるいは鳩が飛んできて、ぱたぱたぱたっと樹の枝にとまる時や、あるいは地面に降り立つ時などの美しい姿から、聖霊が天から降る様子をイメージしたのでしょうか。

5　来なさい。そうすればわかる

1章35〜42節

キリストとの出会い

この箇所には、クリスチャンになっていく過程がよく示されています。それは第一にどのようにしてキリストに従うようになるのかということ、第二にどのようにして伝道をするのかということ、第三にどのようにしてイエス・キリストが弟子を召されるのかということです。

ここで洗礼者ヨハネは、二人の弟子に対して「見よ、神の小羊だ」（36節）と言いましたが、それによってこの二人はイエス・キリストのほうへ向かうのです。

彼らがついて行きますと、イエス・キリストが振り返られ、「何を求めているのか」と声をかけられました。彼らはあわてて「ラビ、どこに泊まっておられるのですか」（38節）と尋ねます。ただどこに泊まっておられるかを知りたいために、ついて行っているのであれば、ストーカーか「追っかけ」のようですが、実は、自分たちの先生である洗礼者ヨハネが言ったことが本当かどうか見極めたいと思ったのでしょう。さらに深く読めば、「あなたはどこに位置する方か」つまり「どういう方なのか」という含みもあるかもしれません。

教会に来始めて、まだ洗礼を受けておられない人のことを「求道者」と呼びますが、彼らの行動や言葉は「求道者」の気持ちをよく表しています。ここに大事な教えがあるのではないか。自分が探している答えがあるのではないか。それを確かめたいという思いで教会に来ることが多いと思います。

彼らはこの後、一晩じっくり話を聞きました。質問もしたでしょう。翌朝になると、彼らは「私たちはメシアに出会った」（41節）と告白するようになるのです。メシア（ギリシア語では「キリスト」）という言葉は、「救い主」を指すためにも用いられました。この「ラビ」（先生）と「メシア」という二つの言葉の間には大きな違いがあります。彼らの中で何か決定的な変化が起きたのです。

二人のうちの一人は、シモン・ペトロの兄弟アンデレでした。もう一人の弟子が誰であったかは記されていませんが、弟子ヨハネではないかと言われます。アンデレは、翌朝、自分の兄弟シモンに「私たちはメシアに出会った」と伝え、その言葉を聞いて、今度はシモンが、イエス・キリストのもとへ赴きます。イエス・キリストは、彼に向かって「あなたはヨハネの子シモンであるが、ケファと呼ぶことにする」（42節）と言われました。ケファとは「岩」という意味であり、それがギリシア語で「岩」を意味するペトロという名前の由来です。

信頼関係の中で

二つ目は、どのようにして伝道するかということです。ここに伝道のモデルが二つ描かれています。それは、洗礼者ヨハネの姿とアンデレの姿です。この二人がしたことは、一つはイエス・キリストを証言したということです。イエス・キリストを証しすることそのものが伝道なのです。洗礼者ヨハネは、イエス・キリストを指して、弟子たちに向かって「見よ、神の小羊だ」と言いました。アンデレは、兄のシモンに対して、「私たちはメシアに出会った」と言いました。これはそれぞれに信仰の告白、証しの言葉です。この言葉には、それぞれ洗礼者ヨハネとアンデレの実存がかかっています。その言葉は、科学の言葉と違い、客観的真理ではありません。その言葉が人に伝わるかどうかは、その人の生き方にかかっているのです。

もうひとつは、この二人が自分の身近な人をイエス・キリストに引き合わせたということです。伝道の基本はやはり人から人へ、しかも親しい人へということでしょう。親しい知人、友人へ、あるいは家族へ、親へ、子へ、兄弟姉妹へ、ということです。洗礼者ヨハネは、自分の弟子たちにイエス・キリストを示しました。アンデレは兄のシモンに証しをしました。そこには信頼関係があります。この時アンデレともう一人がイエス・キリストを追いかけていったのは、何よりも洗礼者ヨハネに対する信頼があったからです。

この二人のしたことはただイエス・キリストを証しし、その親しい人をイエス・キリストに引き合わせただけでした。その相手が直接、イエス・キリストとつながったら、もうすでに大事な役割を果たしたのです。「あとはイエス様お願いします」という感じです。洗礼者ヨハネも、自分の弟子がイエス・キリストと直接出会ったら、もう出てきません。

アンデレという人はヨハネ福音書では合計三回登場するのですが、彼のしたことは、いつも誰かをイエス・キリストに引き合わせることでした（6・8〜9、12・20〜22参照）。彼は紹介の達人でした。福音書の中で決して主役級の登場人物ではありませんが、脇役ながら非常に大切な働きをいたしました。こういう働きは、かけがえのないものです。このアンデレがいなければ、あの使徒ペトロもいなかったでしょう。私たちができる事柄はたかが知れていると思うかもしれません。しかし私たちのできることは小さくても、それをイエス・キリストが引き受け、引き上げてくださり、そこから大きな働きへとつないでくださるのです。

何を求めているのか

さて三つ目は、イエス・キリストがどのようにして弟子たちを召されたかということです。イエス・キリストは、二人のヨハネの弟子が自分についてくるのを見て、「何を求めているのか」(38節)と尋ねられました。ヨハネの弟子たちが「ラビ、どこに泊まっておられるのですか」(38節)と問い返しますと、イエス・キリストは「来なさい。そうすれば分かる」(39節)と答えられました。

イエス・キリストは、自分に向かってくる人に対して、逆に「何を求めているのか」と核心に迫る問いを発せられます。こちらが何かをつかみたい、学びたいと思っている時に、その人をイエス・キリストご自身がとらえようとしてくださるのです。実はこの「何を求めているのか」という言葉は、ヨハネ福音書に出てくる最初のイエス・キリストの言葉なのですが、この言葉の中に、イエス・キリストの私たちに対する思いというものが集約されているのではないでしょうか。そして「来なさい。そうすれば分かる」と、続けて言われます。「私のもとに来なさい。ここにこそ、あなたの求めているものがある」「ここにこそ、人生の真理がある」「ここにこそ、命の泉がある」と、私たちを招いておられるのです。

6　もっと偉大なことを見る

1章43〜51節

フィリポからナタナエルへ

　その翌日、イエスはガリラヤへ行こうとしたときに、フィリポに出会って、「私に従いなさい」と言われた。フィリポは、アンデレとペトロの町、ベトサイダの出身であった。（43〜44節）

今回の箇所も、主イエスが弟子を召された物語の続きです。イエス・キリストは、いきなり道すがらフィリポに向かって「私に従いなさい」と言われ、フィリポは従っていきます。アンデレとペトロが主イエスに従っていたことが前提になっているのでしょう。キリストに従う姿そのものが他の人にも影響を与えるのです。興味深いことに、彼はその後すぐにナタナエルに声をかけています。

「私たちは、モーセが律法に記し、預言者たちも書いている方に出会った。ナザレの人で、ヨセフの子イエスだ。」（45節）

律法と預言者というのは、当時の「聖書」、いわゆる旧約聖書を指しています。「聖書に預言され、みんなが待ち望んでいたメシアが、今私たちの目の前に現れた」と興奮して言ったのでしょう。しかしナタナエルは白けたように「ナザレから何の良いものが出ようか」と言いました。ナザレというのは、この当時、ぱっとしない田舎町でした。旧約聖書にも全く出てきません。「そんな町からメシアが現れるはずがない」とナタナエルは思ったのです。

しかしフィリポはしつこく言います。「来て、見なさい」（46節）。イエス・キリストは、ヨハネの弟子たちに「来なさい。そうすれば分かる」（39節）と語られましたが、多くの英語の聖書では、どちらも“Come and see.”となっています。この時のフィリポも「来なさい。そうすれば分かる」と伝えたかったのでしょう。

ナタナエルという人

ナタナエルはフィリポに連れられて、イエス・キリストのほうへ向かいました。すると、彼がまだ何も言わない先に「見なさい。まことのイスラエル人だ。この人には偽りがない」（47節）と言われます。ナタナエルはびっくりして、「どうして私を知っておられるのですか」（48節）と問い返すと、主イエスは、「私は、あなたがフィリポから話しかけられる前に、いちじくの木の下にいるのを見た」（48節）と答えられます。

「いちじくの木の下」というのは涼しいので、ラビが律法を教え、弟子たちがそれを学ぶ場所として選ばれたようです。多分ナタナエルはいちじくの木の下で、律法を学んでいたのでしょう。イエス・キリストの言葉を聞いて、ナタナエルは、「ラビ、あなたは神の子です。あなたはイスラエルの王です」（49節）と言いました。これはナタナエルの信仰告白と言ってもよいでしょう。

そのナタナエルに対して、イエス・キリストは「いちじくの木の下にあなたがいるのを見たと言ったので、信じるのか。それよりも、もっと大きなことをあなたは見るであろう」（50節）、続けて「よくよく言っておく。天が開け、神の天使たちが人の子の上に昇り降りするのを、あなたがたは見ることになる」（51節）と言われます。

ナタナエルという人は、ここでイエス・キリストの弟子になったということですが、他の福音書に出てくる十二弟子のリストにナタナエルの名前はありません。バルトロマイとナタナエルが同一人物だという説もありますが、定かではありません。ですからこのナタナエルが一体どういう人物であったかはよくわからないのですが、少し懐疑的な態度、しかし一旦正しいと思ったら、すぐに信仰告白にいたったということからすれば、あのトマスと似たところがあります（20・24～29）。

さて主イエスが語られた「天が開け、神の天使たちが人の子の上に昇り降りするのを、あなたがたは見ることになる」という言葉の背景にあるのは、創世記28章の「ヤコブの梯子《はしご》」と呼ばれる物語でしょう。野原でヤコブが野宿をしていると、彼は不思議な夢を見ました。「先端が天にまで達する階段が地に据えられていて、神の使いたちが昇り降りしていた」（創世記28・12）。

天から地へと天使が自由に行き来したというのです。天から地へと天使が自由に行き来するようなことが、イエス・キリストの上に実現するのだと語っているのではないかと思います。

私たちの期待を超えて

「それよりも、もっと大きなことをあなたは見るであろう」（50節）というのは興味深い言葉です。イエス・キリストは、ナタナエルの信仰の告白を認めて受け入れながら、「でももっとすごいことが起こる」というのです。

これは私たち、信仰生活を送っている者の実感ではないでしょうか。私たちは洗礼を受ける時は、実はそれほど深く考えて受けるわけではないでしょう。あるいはイエス・キリストについても、それほど理解しているわけではないでしょう。この時のナタナエルの信仰告白にしても、言葉はなかなか立派なものですが、その中身、彼の信仰は一体どれほどのものであったかはわかりません。

私たちもそのように、それほど深く考えないでクリスチャンになる決心をすることが多いものです。あるいは何かを期待して洗礼を受けることもあるかもしれません。それはそれでよいと思うのです。

私は高校一年生で洗礼を受けましたが、その時は、自分の人生がまさかこういう展開になるとは予想だにしませんでした。その時に知っていたことというのは、ほんのわずかです。むしろ本当に大事なことは、洗礼を受けた後で起こってきましたし、キリスト教のすばらしさというのも、その後で見せていただきました。信仰をもって生きることは驚きの連続です。

キリスト教は、いわゆる新興宗教に比べると難しいように見えるかもしれません。すぐになにがしかのご利益はない(ように見える)かもしれません。しかし、そこで自分が作り変えられることによって、もっと大きなものをいただいたということが後になってわかるのです。知れば知るほど、味が出てくる。つきあえばつきあうほど新たな発見がある。さらに偉大なことを見させていただく。キリスト教の信仰は、そういうすばらしい世界です。

7　カナの婚礼

2章1～12節

願いを率直に

ガリラヤのカナという町で、ある人が結婚式を挙げ、その結婚披露宴での出来事です。この披露宴でどういうわけか、ぶどう酒が足りなくなってしまいます。それは主催者のメンツにかかわることであったでしょう。

主イエスの母マリアは主催者と親しい間柄であったのか、息子である主イエスに向かって、「ぶどう酒がありません」と言いました。主イエスであれば、この事態を何とか打開できると思ったのでしょう。しかし主イエスは「女よ、私とどんな関わりがあるのです。私の時はまだ来ていません」（4節）と、冷たく思えるような答えをされました。この返事を聞いたマリアはどうしたでしょう。「お母さんに向かって何という口のきき方をするのですか」と言ったでしょうか。そうではありませんでした。召し使いたちを呼んで、そっと「この方が言いつけるとおりにしてください」（5節）と言うのです。しばらくして主イエスは、この召し使いたちに、「水がめに水をいっぱい入れなさい」（7節）と告げ、召し使いたちはそのとおりにしました。そしてそれを宴会の世話役のところへ持っていくと、水は何と最上のぶどう酒に変えられていました。世話役はこう言いました。「誰でも初めに良いぶどう酒を出し、酔いが回った頃に劣ったものを出すものですが、あなたは良いぶどう酒を今まで取っておかれました」（10節）。ざっとそういうお話です。

この物語は私たちの信仰生活にとって、特に祈りの生活においていくつか大切なことを示唆しています。一つは、母マリアの態度です。彼女は、困った状況を率直に主イエスに告げました。もしかすると彼女には、「母親の願いであれば、きいてくれるであろう」という甘えがあったかもしれません。しかしとにかく、「ぶどう酒がありません」と告げたのです。これは大事なことです。

私たち日本人は、「謙譲の美徳」というものがあるせいか、遠慮深くて、なかなか自分の気持ちを表に表さない傾向があるように思いますが、私は祈りにおいてまで、遠慮深くある必要はないと思います。「求めなさい。そうすれば、与えられる」（マタイ7・7）。この約束を信じ、正直に自分の願いを主の前に差し出すことが大切です。それをしないと、私たちの中で祈りがくすぶって、不完全燃焼になってしまうのではないでしょうか。

ただしそのことは、私たちの祈りがすぐにこたえられるということではありません。この時の母マリアの願いもすぐにこたえられたわけではありませんでした。しかしマリアの願いはイエス・キリストに届いたのです。

私たちも、祈りがきかれていないように思える時でも、とにかくこの祈りは届いている、と信じたいと思います。マリアはそう信じたからこそ、召し使いたちに、「この方が言いつけるとおりにしてください」と言ったのでしょう。

最もふさわしい時と形

それでは、どうして祈りがすぐにこたえられないことがあるのでしょうか。それは祈りがこたえられるには、それに最もふさわしい時と、最もふさわしい形があるからです。私たちの期待している時に、私たちが期待している形で、祈りがきかれるとは限りません。主は私たちの熱い思いを受けとめつつ、最もよい時と、最もよい形を選ばれます。この時も主イエスは、一旦距離を置きつつ、誰も予想しなかった形で、マリアの期待をはるかに超えた形で、それにこたえてくださいました。

神様は、しばしば時を延ばされます。それはどうしてかと言えば、すべての人間的可能性が終わり、ここから先はもう神様の可能性でしかないということがわかるため、つまり私たちが神様に栄光を帰するためではないでしょうか。

私たちの求めているとおりのこたえが与えられるとも限りません。先ほど、願いを率直に差し出すことが大事だと申し上げましたが、その中には、確かに私たちのわがままな願いもあるでしょう。もしも私たちのわがままな願い、あさはかな祈りまで、すべてこたえられるとすれば、かえって恐ろしいことになるのではないでしょうか。この世界はとっくの昔に滅んでいるかもしれません。神様は、私たち以上に、私たちに何が必要であるかをよくご存じであって、私たちに最もふさわしいものをもって、（時には私たちの期待とは違うものであるでしょうが）私たちの祈りにこたえてくださるのです。

神の定められる時

マリアは主イエスが必ず何かをしてくださることを信じて、その時を待ちつつ、自分でなすべきことをしました。召し使いたちも、主イエスが「水がめに水をいっぱい入れなさい」とおっしゃった時、もしかすると、「そんなことをしている場合ではない」と思ったかもしれませんが、とにかく主イエスの言葉に従いました。そうするとイエス・キリストはそれを用いて、誰も予期しなかった大きな奇跡を起こしてくださったのでした。

私はこれまでの自分の歩みについても、神様は最もふさわしい時に、最もふさわしいものを備え、私の歩みはその神の力によって支えられてきたと、思い起こしています。

私は、三年間日本の教会で働いた後、ニューヨークのユニオン神学大学院で学ぶ機会を与えられました。そしてその学びの中で、いわゆる第三世界のどこかで働きたいという願いをもち、それはブラジル、サンパウロの日系人教会に仕えるという形でかなえられました。その後さらに、ブラジルの北東部（熱帯地方）のオリンダという町で、ブラジル人だけの貧しい教会で働く機会も与えられました。

七年間のブラジルでの宣教活動の後、日本へ戻り、これまで東京の二つの教会に仕えてきました。そして今は、鹿児島の教会と幼稚園で働いています。そこには、確かに、私の予想を超えた形で、神様の導きがあったし、今後もそうであろうと信じることができるのです。

天の下では、すべてに時機があり
すべての出来事に時がある。

生まれるに時があり、死ぬに時がある。

植えるに時があり、抜くに時がある。……

神はすべてを時に適って麗しく造り、永遠を人の心に与えた。だが、神の行った業を人は初めから終わりまで見極めることはできない。（コヘレトの言葉3・1～2、11）

8　主の熱き思い

2章13～17節

怒るイエス

エルサレムへ上って行かれた主イエスは、神殿に入られると、神殿の境内で牛や羊や鳩を売っている者たちと、座って両替をしている者たちをご覧になりました。そしていきなり、縄で鞭を作り、羊や牛をすべて境内から追い出し、両替人の金をまき散らし、その台を倒し、鳩を売る者たちにこう言われました。「それをここから持って行け。私の父の家を商売の家としてはならない」(16節)。

イエス・キリストに対して、私たちを温かく包み込んでくださるような、やさしいお方というイメージをもっている人にとっては、これはかなりショッキングな話かもしれません。

イエス・キリストが神殿で大暴れなさったという話は、マタイ・マルコ・ルカのいわゆる共観福音書にも出てきます。ただし共観福音書では、イエス・キリストが十字架にかかられる数日前の出来事となっていますが、ヨハネ福音書では、むしろ公の活動に入られる最初の出来事の一つとして記されています。

ここに記される主イエスの行動は、ある意味で非常に挑発的です。

神殿では、犠牲の動物を献げる習慣になっていました。エルサレムに集まってくる巡礼の人々は、自分の故郷からはるばると犠牲の献げ物にする動物を引いてくることはできませんので、エルサレムでさまざまなものを揃えることになります。その際に高い値段を吹っかけられたりすることなどもしばしばあったようです。

そうした不正な事態を黙認するだけではなく、その背後で私腹を肥やしていたのが、当時の宗教家、特に上級祭司たちでした。

預言者の系譜

主イエスは、そうした仕組みを一瞬のうちに見て取られました。境内に入ってみると、あたかも神様などいないかのごとく、お金があたりを支配していました。「私の父の家を商売の家としてはならない」。「神様は一体どこにいるのか。どこに押しやられてしまったのか」。

主イエスの怒りは、直接的には神が神として立てられず、父の家というべき神殿が商売に利用されていること、それによって神殿が汚されていることに向けられますが、その向こうには貧しい人たちがないがしろにされているということもありました。

これらの商売は必要なものでしたから、それが「神の家」らしく行われていれば、こんなことはなさらなかったでしょう。しかしそれは、明らかに人間中心の、しかも貧しい人からさらにお金を巻き上げようとするような、自己中心的な有様でした。神様の主権が侵され、人間が好き勝手なことをし、弱い人が虐げられ、正義と公正が失われているところでは、神様はお怒りになるのです。イエス・キリストもお怒りになる。机をひっくり返すほどのインパクトをもって迫ってこられるのです。逆に言いますと、そうであってこそ、愛のイエス・キリストと言えるのではないでしょうか。本当の愛というものは、時に怒りとして爆発するほどの情熱を、内に秘めているものであろうと思います。

ここに見られるようなイエス・キリストの姿は、旧約聖書の預言者の系譜に連なるものです。たとえばアモス書には、神が正義に満ちたお方であることがよく表れています。特に5章には、私たちの信仰の姿勢をただすような、はっとさせられるような言葉が集められています。「善を求めよ、悪を求めるな　あなたがたが生きるために。……悪を憎み、善を愛し　町の門で公正を打ち立てよ。あるいは、万軍の神である主が　ヨセフの残りの者を　憐れんでくださることもあろう」（アモス書5・14〜15）。そして「公正を水のように　正義を大河のように　尽きることなく流れさせよ」（同24節）と語るのです。イエス・キリストは、まさしくこの預言者の系譜に連なるお方でした。

十字架への歩み

「弟子たちは、『あなたの家を思う熱情が私を食い尽くす』と書いてあるのを思い出した」(17節)とあります。ここで弟子たちが思い出したのは、詩編69編10節の言葉です。これは少しわかりにくい言葉ですけれども、これまで述べてきたようなイエス・キリストの神の家に対する熱い思い、あるいは神の正義に対する熱い思いが、イエス・キリストを死に追いやる、ということであろうかと思います。弟子たちがこの言葉をいつ思い出したのか、これも漠然としておりますが、もしかすると、この後の22節に記されているのと同じように、十字架と復活の後であったかもしれません。もしもその場でこの詩編の言葉を思い出したのであるとすれば、「イエス様はこんなことをしておられたら、いつか殺されてしまう」ということかもしれません。

確かにこの時の主イエスの行動は、その場にいたユダヤ人たちの反感を買うことでした。弟子たちが思ったように、死を招くことでした。しかしながらイエス・キリストは、それを迂闊《うかつ》にも不用意に、考えなしになさったのではありません。ここでユダヤ人たちと呼ばれている人々をみくびっておられたわけでもありません。イエス・キリストは、この時すでに、つまり彼の公生涯の始めより、自分の死、しかも十字架の死というものを見据えておられたのです。死をも厭《いと》わないというだけではなく、まさしくイエス・キリストの生涯全体は、この十字架の死に向かっての歩みでした。

不正に対する憤りの根底にある愛ということで、私はブラジルのエルデル・カマラ大司教のことを思い起こしました。彼は、ブラジルが軍事政権となった一九六〇年代に、カトリックのブラジル全国司教協議会の議長を務め、軍事政権と真っ向から対峙し、腐敗や人権侵害などをブラジル内外に向けて、勇気をもって発信した人です。彼が残した有名な言葉にこういうものがあります。

「貧しい人たちに食べ物を与えると、人は私をサント（聖人）と呼ぶ。しかし彼らはなぜ貧しいのかを尋ね始めると、人は私をコムニスタ（共産主義者）と呼ぶ」。コムニスタという言葉は、ブラジルのようなキリスト教国においては中傷の言葉でした。しかし彼はそのような批判にもめげず、社会の不正と闘い、貧しい人たちの盾となって働き続けました。カマラ大司教も、主イエスと同じ正義に対する熱い思いに突き動かされたのでしょう。

9　主の体なる教会

2章18～22節

エルサレム神殿

神殿で大暴れされた主イエスに対して、その場にいたユダヤ人たちは怒ってこう言いました。「こんなことをするからには、どんなしるしを私たちに見せるつもりか」（18節）。

「しるし」という言葉は、ヨハネ福音書では多くの箇所に現れ（2・11、4・54、6・2、6・26、9・16など）、重要な意味をもっています。それは多くの場合、「奇跡」を指しますが、両義的です。当時のユダヤ人たちにとって（神がかかわっている）目に見える証拠としての「しるし」であると同時に、信仰によってしか見極めることができない「しるし」でもあるのです（115頁参照）。

イエス・キリストは、こう答えられました。「この神殿を壊してみよ。三日で建て直してみせる」（19節）。謎めいた言葉ですが、その意味が何であったかを尋ねる前に、エルサレム神殿について振り返っておきましょう。

エルサレム神殿は、ユダヤ人たちの心のよりどころでした。最初の神殿は、ダビデ王の息子、ソロモン王の時代に建てられました。紀元前十世紀のことです。それまでイスラエルの指導者たちは、モーセが神様からいただいたとされる十戒が記された二枚の板を納めた「契約の箱」を持ち回っていましたが、神殿ができた後はこの神殿に納められます。神殿は神様とイスラエルの民をつなぐ象徴であり、実際、神様はそこで人間にまみえると考えられていました。

その後、イスラエル王国は南北に分裂し、まず北王国がアッシリア帝国によって、ついで南王国もバビロニア帝国によって滅ぼされます。この時、神殿も破壊されてしまいました。そして国の指導者たちはバビロニアへ連れていかれました（バビロン捕囚）。

その後不思議な形で、ペルシア王キュロスによって指導者たちはバビロニアから解放され、エルサレムの町の再建を始めます。キュロスはユダヤ教徒ではありませんでしたが、彼らにエルサレム神殿の再建を許可するのです。この時に建てられたものが第二の神殿で、当時の指導者の名前をとって、ゼルバベルの神殿と呼ばれます。紀元前六世紀のことです。ゼルバベルの神殿は最初からそれほど豪華なものではなかったようですが、その数百年後には、戦禍に傷ついた、見栄えのしないものとして残っていました。それを大修復し、増改築したのが、かの悪名高きヘロデ大王でした（マタイ2章参照）。ヘロデ大王は、この修復・改築工事を紀元前一九年頃に始めたと言われています（ヨセフス『古代史』15・380）。主イエスが活動なさったのを、仮に紀元後二七年頃としますと、ここに記されている「この神殿は建てるのに四十六年もかかった」（20節）というのとほぼ合致します。

この第三の神殿、いわゆるヘロデの神殿は、紀元後七〇年、ローマ帝国の軍隊によって破壊されることになります。イエス・キリストの時代には、まだこの神殿はありましたが、ヨハネ福音書が書かれた時代には、もうこの神殿はなくなっていました。

神殿崩壊の予言

「この神殿を壊してみよ。三日で建て直してみせる」という謎めいた言葉は、二つのことを示しているように思います。

一つは、イエス・キリストの活動した時代から約四十年後の神殿崩壊です。紀元後七〇年のエルサレム神殿崩壊という事件は、単にローマの軍隊による破壊というだけではなく、当時の人々はそこに神様の裁きを見ました。彼ら自身の不信仰な行為が神殿の崩壊を呼び込んでいるということです。

それは、その時代の不信仰ということにとどまりません。いや、ヘロデの神殿の四十六年間にもとどまりません。そもそもソロモンの神殿が建てられ始めた時から数えますと、実に千年におよぶイスラエルの歴史が、その背景にあるのです。その神と人間の交わりの場所が、人間の罪によって崩壊しようとしている。これは神殿といえども、あるいは教会といえども、そこが人間的な思い、思惑に支配される時に、実にもろく崩れ去るものだということを示しています。

しかしイエス・キリストは、罪によって絶たれようとしている「神と人間がまみえる場所」を三日で建て直すことがおできになる、というのです。イエス・キリストの三日は、この千年の歴史に相当する。それ以上であると言ってもよいかもしれません。

それは、その後の二千年におよぶ教会の歴史も同じでしょう。教会はこの二千年間、確かに神の言葉の拠点となってきました。多くの、すばらしい信仰者を生み出してきました。同時に教会も過ちを犯し、教会の名で人を断罪してきたことも事実です。しかし教会は主の体であり、主ご自身がそれを再建してくださるのです。

十字架と復活

「この神殿を壊してみよ。三日で建て直してみせる」という言葉の、もう一つの大事な意味は、イエス・キリストの十字架と復活です。ヨハネ福音書記者は「イエスはご自分の体である神殿のことを言われたのである」(21節)と注釈しています。つまり「この神殿を壊してみよ」という言葉は、「やがてあなたがたは自分を十字架にかけて殺すであろう。そうするがよい」ということです。これは開き直りではありません。すでに、イエス・キリストはこの時、十字架を見据えておられたのです。そうだとすれば、「三日で建て直してみせる」というのは、三日目、イースターの日のよみがえりを予言した言葉として読むことができるでしょう。「イエスが死者の中から復活されたとき、弟子たちは、イエスがこう言われたのを思い出し、聖書とイエスの語られた言葉とを信じた」（22節）と記されている通りです。

イエス・キリストが十字架にかかられた時、そこを通りかかった人々が何と言ったかご存じでしょうか。「おやおや、神殿を壊し、三日で建てる者、十字架から降りて自分を救ってみろ」（マルコ15・29～30）。恐らくイエス・キリストが、神殿で語られたこの言葉が、謎めいたままで語り伝えられ、それがイエス・キリストに対する嘲笑の材料として用いられてきたのでしょう。イエス・キリストは、その嘲りを受け入れつつ、ゴルゴタの丘、十字架の上で、自ら語られた言葉を実現してくださいました。十字架から降りてみせるという仕方によってではなく、十字架に留まり続け、死に至ることによって、応えられたのです。まさにその不思議な仕方によって、主の体という神殿は三日後に「再建」されるのです。

10　信仰の成長

2章23節～3章2節

しるしと信仰

ヨハネ福音書の2章23～25節は、3章へのつなぎのようですが、よく読むと深い内容をもった言葉であることがわかります。

過越祭の間、イエスがエルサレムにおられたとき、そのなさったしるしを見て、多くの人がイエスの名を信じた。（2・23）

イエス・キリストのなさるしるし（奇跡）を見た多くの人たちが「イエスの名を信じ」ました。それらの奇跡が、神の子である「しるし」として、彼らの信仰を導いたと言えるかもしれません。ところが「イエスご自身は、彼らを信用されなかった」（2・24）とあります。彼らは主イエスを信じたけれども、主イエスのほうでは彼らを信じなかったと対比されているのです。しるしを見て信じる信仰とは、その中心にまだ私たちがいるのであって、自分自身が変わろうとは思っていません。

しるしと信仰の関係についてこういうことが言えようかと思います。

まずしるしを見て、不十分ではあるけれども、何らかの信仰をもつというレベル。このレベルの信仰の代表選手のようにして、3章にニコデモという人が登場します。

その次は、「しるし」の背後にある意味を見抜いて、イエス・キリストこそ真理であると受け入れる信仰。一つ進んだ信仰と言えるでしょう（6・68〜69などを参照）。

もう一つ先は、今度はしるしを見ないでも信じる信仰です。主イエスの復活後、「自分はこの指を、主イエスの釘跡に入れてみなければ信じない」と言っていたトマスに対して、復活の主は、その釘跡を見せながら、「私を見たから信じたのか。見ないで信じる人は、幸いである」と言われました（20・24〜29）。この主イエスの言葉からしても、しるしは、信仰に入るきっかけにすぎないのであって、本当に大事なのはそこから先だと言えるでしょう。

ニコデモの信仰

ところでニコデモとは、一体どういう人物であったのでしょうか。「さて、ファリサイ派の一人で、ニコデモと言う人がいた。ユダヤ人たちの指導者であった」（3・1）。

まず彼は「ファリサイ派」の人でした。厳格な律法教育を受けた人です。学歴がしっかりしている。次に「ユダヤ人たちの指導者」というのは、サンヘドリンと呼ばれた、ユダヤの最高議会の議員です。時の権力者とも近い位置にいたかもしれません。さらに、10節の主イエスの言葉から「イスラエルの教師」でもあったことがわかります。ニコデモは学識があり、社会的地位があり、尊敬され、評判も得ていた人物でした。そういう人がイエス・キリストを訪ねて来たのです。決して冷やかし半分ではありません。また別のファリサイ派の人がしたように、「罠にかけよう」としていたわけでもありません（マタイ22・15参照）。彼なりに真剣に、「この人こそ神の子なのかもしれない」と思ってやってきたのです。それはニコデモの次の言葉からもよくわかります。

「先生、私どもは、あなたが神のもとから来られた教師であることを知っています。神が共におられるのでなければ、あなたのなさるようなしるしを、誰も行うことはできないからです。」（3・2）

これは、彼なりの精一杯の信仰告白であるといえるでしょう。

ただ彼は、夜こっそり主イエスを訪ねてきました（3・2）。これは一つには、ニコデモが本気であったということを示しています。自分の問題として、本当に必要だと思ったから訪ねてきたのです。しかしそれは同時に、だれにも見られたくなかったということでもあります。彼には地位もあり、名誉もあります。評判もあります。そういう人であればこそ、人に何と言われるか、どう見られるかを恐れたのでしょう。

もう一つ、象徴的な意味もあるかもしれません。まず彼がイエス・キリストを訪ねた時が「夜」のように暗い時代であったということです。そういう時代であったから、イエス・キリストは神殿の中で怒りを爆発させて、清めようとされたのでしょう（2・15～16参照）。さらに、ニコデモ自身が心に夜のような闇をもっていたことを暗示しているようにも思えます。

人の信仰を裁くな

この時のニコデモの信仰は、まだ不十分なものではありましたが、彼はヨハネ福音書の終わりに再び、別の形で登場します。

前に、夜イエスのもとに来たニコデモも、没薬とアロエを混ぜた物を百リトラばかり持って来た。彼らはイエスの遺体を受け取り、ユダヤ人の埋葬の習慣に従い、香料を添えて亜麻布で包んだ。（ヨハネ19・39〜40）

最後の瞬間に、ニコデモはペトロやヨハネにはできない貢献をしました。つまり彼はお金も地位も信用ももっている者として、権力者ピラトと話ができる者として、貴重な働きをしたのです。

私たちは、ある一時《いっとき》の状態で、「あの人の信仰は中途半端だ」とか、「本物ではない」などと裁いてはならないと思います。人の信仰にはそれぞれの段階があり、その人がこれからどうなっていくかわかりません。現代の私たちも同じでしょう。神様がふさわしい形でその人の信仰を深め、用いてくださるのです。

最後にもう一度「イエスご自身は、彼らを信用されなかった」（2・24）という言葉にかえりましょう。私は、これは中途半端な信仰者を主イエスが冷ややかに突き放して見ておられたということではないと思います。ヨハネ福音書を読み進めていきますと、弟子たちや人々の不信仰にもかかわらず、主イエスのほうは、徹底して愛し抜かれたということが記されています。特に思い起こしたいのは、13章1節の「イエスは、この世から父のもとへ移るご自分の時が来たことを悟り、世にいるご自分の者たちを愛して、最後まで愛し抜かれた」という言葉です。イエス・キリストは徹底して、最後まで弟子たちを愛し抜かれました。他の人をも同様に愛されました。信用されてはいなかったけれども、愛し抜かれた。やがては自分を裏切ることになるであろうということをわかりつつ、それでも徹底して愛し抜かれた。2章24節の言葉は、そうした主イエスの姿を重ね合わせてみる時に、さらに深い意味をもって迫ってくるのではないでしょうか。

11　霊から生まれる

3章3〜15節

ニコデモに必要なこと

ある夜、主イエスを訪ねて来たニコデモに対して、イエス・キリストは次のように言われました。「よくよく言っておく。人は、新たに生まれなければ、神の国を見ることはできない」（3節）。彼は主イエスに何かを質問したわけではありませんが、イエス・キリストは、今ニコデモにとって必要なことは何であるかを察知しておられたのだと思います。

彼は、マタイ福音書19章16〜22節他に登場する「金持ちの青年」に、少し似ています。あの金持ちの青年も、いろいろなものをもっていました。教育も受けてきた。律法も守ってきた。お金も地位もある。それでも何か足りないと感じている。しかしそれが何であるかわからないのです。イエス・キリストは、「もし完全になりたいのなら、行って持ち物を売り、貧しい人々に与えなさい」（同21節）

と言われました。これは、すべての人にあてはまる一般的な教えではないでしょう。なぜ彼の心が満たされないのかを察知した上での答えだったのです。

このニコデモも、自分の今やっていることは基本的に正しいと思っています。それを捨ててまで、イエス・キリストに従う気はありません。根本的に新しくなろうとは思ってはいない。今やっていることの延長線上で、より高いことを求めているのです。そして彼なりに真剣に本気でイエス・キリストを訪ねたのです。そのニコデモに対して、イエス・キリストは、「あなたの信仰の拠り所は何か。あなたはしるしを見て、ここに来たのかもしれないが、本当に大事なのはその向こうにある世界だ」と答えようとされたのでしょう。

「水」と「霊」と「風」

ニコデモはこう答えます。「年を取った者が、どうして生まれることができましょう。もう一度、母の胎に入って生まれることができるでしょうか」（4節）。このややピントはずれの答えをきっかけにして、イエス・キリストはさらに深い真理を語られます。ヨハネ福音書独特の語り口です。「よくよく言っておく。誰でも水と霊とから生まれなければ、神の国に入ることはできない」（5節）。

否定的な表現ですが、裏返して言えば、「人は水と霊とによって新しくなれる」ということです。

「水」というのは、後代の挿入ではないかと言われますが、この言葉は、洗礼を象徴しているようです。その背景には、旧約聖書の「ノアの洪水」（創世記6〜9章）と、「水が真っ二つに分かれた」（出エジプト記14章）出来事のイメージがあるのでしょう。

私が思い浮かべたもう一つの水のイメージは、胎内の羊水です。私たちは、いわばその羊水の中から生まれてきたのです。ニコデモは「もう一度母の胎に入って生まれることができるでしょうか」と言いましたが、主イエスの言葉には、私たちは水を通して、あたかも胎内に戻るように新しく生まれ変わるのだという含みがあるのでしょう。

「霊」という言葉も重要です。この「霊」が次のように引き継がれていきます。「風は思いのままに吹く。あなたはその音を聞いても、それがどこから来て、どこへ行くかを知らない。霊から生まれた者も皆そのとおりである」（8節）。ここで「風」と「霊」が対比されています。霊というのは、風のようなものだ。目には見えないけれども、私たちはその音を聞くことができるし、体で感じることもできる。また風があることによって初めて、風がない時にもそこに空気があるとわかる。空気がなければ私たちは生きることができませんが、風によってその存在を確認するのです。

この「風」と「霊」は、単に性質が似ているだけではなく、ギリシア語（新約聖書）では、両方とも同じ言葉です（プネウマ）。

天から降って、天に上る

「天から降《くだ》って来た者、すなわち人の子のほかには、天に上った者は誰もいない」(13節)。「天から降って来て、天に上る」という記述を読んで、私は、1章51節について述べたことと同じように(43頁参照)創世記28章10節以下の「ヤコブの梯子《はしご》」と呼ばれる物語を思い起こしました。ヤコブは、双子の兄エサウが受けるはずの父の祝福を、母リベカと共謀してだまし取ってしまいます。それで怒り狂った兄から殺されそうになり、故郷を逃げ出して母リベカの故郷へ向かう途中でのことです。野宿をしたヤコブは、不思議な夢を見ました。

先端が天にまで達する階段が地に据えられていて、神の使いたちが昇り降りしていた。
(創世記28・12)

本来、天と地は全く別世界であり、地上から天にいたる道はありません。バベルの人々は、天まで届く塔のある町を建設しようと計画しましたが、その計画は神様によって打ち砕かれました(同11・1〜9)。ヤコブの見た夢では、その天と地を、天使、つまり天に属する者が上り下りしていたのです。

この夢はくしくもイエス・キリストにおいて起こった出来事を指し示していると思います。天と地、それはかけ離れた世界ですが、そこに天のほうから道がつけられたのです。天に属する者、すなわち神の独り子であるイエス・キリストが天から降って来て、そしてまた天に上っていかれました。ただ単にこの世界をご覧になるためではありません。神が愛であるということを身をもって表し、死に引き渡されるためでした。

「そして、モーセが荒れ野で蛇を上げたように、人の子も上げられねばならない。それは、信じる者が皆、人の子によって永遠の命を得るためである。」（14～15節）

「人の子」とは、イエス・キリストのことです。「上げられる」というのは、復活あるいは昇天を指しているようですが、ヨハネ福音書ではそれも視野に入れつつ、十字架の上に「上げられる」ということが中心的です。

「モーセが荒れ野で蛇を上げた」というのは、民数記21章4～9節に記されています。自分たちの罪のために死ぬべき民が、モーセの掲げる青銅の蛇によって死ぬことを免れ、命を得たという出来事です。もちろんその効果には限界があります。命を得たと言っても、それは一時的なものです。やがてその人たちもみんな死ぬわけですから。しかしそれを引き合いに出しながら、ヨハネ福音書は、イエスの十字架を指し示したのです。こちらは一時的ではありません。「信じる者が皆、人の子によって永遠の命を得る」(15節)のです。

12　神の愛の道

3章10〜21節

小聖書

「神は、その独り子をお与えになったほどに、世を愛された。御子を信じる者が一人も滅びないで、永遠の命を得るためである」（16節）。この言葉は、代々のクリスチャンによって、最も愛されてきた聖句の一つです。

口語訳聖書では、「神はそのひとり子を賜ったほどに、この世を愛して下さった。それは御子を信じる者がひとりも滅びないで、永遠の命を得るためである」と訳されていました。みなさんの中にも、この言葉を暗唱されている方がたくさんおられるのではないでしょうか。文語訳聖書で暗唱している方もあるかもしれません。宗教改革者ルターは、この言葉を「小聖書」と呼びました。聖書のメッセージを、一言で言い表したような言葉であるからです。

この言葉は、しばしばクリスマスの季節に読まれます。「神は、その独り子をお与えになった」の「お与えになった」という言葉は、何よりもまずクリスマスのメッセージを端的に語っているからです。神様は、この世を愛された。そしてそこに住む私たち人間を一人ひとり愛された。だから人が自分の罪のために滅んでいくのをよしとされなかった。そのために最愛の独り子をこの世界にお遣わしになったのだ、ということです。

しかしこの「お与えになった」という言葉には、もう一つ意味があります。それは「死に引き渡された」ということです。神様が独り子をお与えになるということは、ただ単にこの世界にお遣わしになるだけではありません。死に引き渡すことを覚悟で遣わされた。もっとはっきり言えば、死に引き渡すために遣わされたということです。その命と引き替えに、私たちは命を得ました。ですからこの言葉は、クリスマスの福音であると同時に、受難節の福音でもあり、その向こうにはイースターがかいま見えているのです。それゆえにこそ、この言葉は福音書全体、ひいては聖書全体の要約なのであり、それゆえにこそルターはこれを「小聖書」と呼んだのです。

この言葉は独立したものとして読んでも意義深いものですが、この言葉にももちろん前後の文脈があります。ただしこの前後の箇所は、必ずしもわかりやすいものではありません。どちらかと言えば難解な言葉ですが、この前後の文脈の中で、改めてこの3章16節を味わいたいと思います。

二重写しの言葉

ヨハネ福音書を読む時に、私たちが注意しなければならないのは、イエス・キリストの言葉とヨハネ福音書記者（ヨハネ福音書を書いた人）の言葉が区別できないということです。イエス・キリストの言葉だと思って読んでいると、いつのまにかヨハネ福音書記者の言葉になっています。

「よくよく言っておく。私たち（複数形）は知っていることを語り、見たことを証ししているのに、あなたがた（複数形）は私たちの証しを受け入れない。」（11節）

ここは、イエス・キリストとニコデモという一対一の対話のはずですが、「私たち」「あなたがた」という言葉が入っています。これは、イエス・キリストの言葉として記されていますが、実はヨハネ福音書記者が生きていた時代の教会（紀元九〇年頃）と、その教会に敵対していた人たちとの対話が二重写しになっているのです。

12節で、主語は再び「私」（単数形）に戻ります。「私が地上のことを話しても信じないとすれば、天上のことを話したところで、どうして信じるだろう」。

この「私」は、イエス・キリストご自身ですが、やはりこれを書き記しているヨハネ福音書記者自身の「私」が透けて見えてきます。

先ほどの有名な16節も一体どちらの言葉なのか、はっきりしません。新共同訳では、10節からイエス・キリストの言葉を示すかぎかっこが始まって、それが21節まで続いています。したがって、この言葉はイエス・キリストの言葉だということになります。しかし聖書協会共同訳では、15節の終わりでかぎかっこが閉じられています。とすると、有名な16節の言葉はヨハネ福音書記者の言葉だということになります。原文ではかぎかっこはありませんので、どちらにも読めるのです。というよりも、区別できない。二重写しに語られているのです。

「裁き」と「救い」

御子を信じる者は裁かれない。信じない者はすでに裁かれている。神の独り子の名を信じていないからである。（18節）

「信じない者はすでに裁かれている」とは、どういう意味でしょうか。その前の「神が御子を世に遣わされたのは、世を裁くためではなく、御子によって世が救われるためである」（17節）という言葉と矛盾するように思われるかもしれません。私は、信じることができないということが裁きの状態であるのだと思います。

逆に言えば、イエス・キリストを主と信じて生きることそのものの中に、裁きからの解放があり、喜びがあるのです。救いとは、つらいことを辛抱して辛抱して、その報いとして死んだ後に与えられるというようなものではないと、私は思います。

言い換えれば、イエス・キリストのことを知り、イエス・キリストと共にあること、そのもとに生きることの中にすでに救いがあり、その外に置かれていることが裁きなのです。ヨハネ福音書記者は、それをさらにこう言い換えます。

光が世に来たのに、人々はその行いが悪いので、光よりも闇を愛した。それが、もう裁きになっている。悪を行う者は皆、光を憎み、その行いが明るみに出されるのを恐れて、光の方に来ない。しかし、真理を行う者は光の方に来る。その行いが神にあってなされたことが、明らかにされるためである。（19～21節）

「裁き」というのも、そこから考えるならば、何か未来永劫にまでいたることではなく、むしろ今置かれている一時の状態です。そしてそれは「この光のほうへ入ってきなさい。ここに救いがある」という招きの状態ではないでしょうか。そしてまさにその中に招き入れるために、イエス・キリストは天から地に降りてきて、道をつけてくださったのです。私たちも今、その言葉を自分に与えられた言葉として受け入れ、「永遠の命」を共に生きる者となりたいと思います。

13　ヨハネを模範として

3章22〜30節

ヨハネの洗礼とイエスの洗礼

　その後、イエスは弟子たちとユダヤ地方に行って、そこに一緒に滞在し、洗礼を授けておられた。また、ヨハネもサリムに近いアイノンで洗礼を授けていた。そこは水が豊かだったからである。（22〜23節）

サリム、アイノンというのは、ガリラヤ湖と死海の間で、ヨルダン川の西側にありました。サリムというのは、「平和」や「繁栄」を意味するシャロームと関係のある地名であると思われます。またアイノンというのは「泉」という意味です。

一方、イエス・キリストは「ユダヤ地方」を移動しながら洗礼を授けておられましたが、ある時、ヨハネとそう遠くないところまで近づいて来られたのでしょう。
このヨハネの弟子たちと、あるユダヤ人との間で、清めのことで論争が起こったというのです（25節）。この論争が一体どういうものであったのかは記されていませんが、この後の文脈から想像すると、恐らくヨハネの洗礼と、イエス・キリストの洗礼と、どちらのほうが「清め」の力があるか、効力があるかというような論争であったのでしょう。

道備えにして、証人

さて、ヨハネの弟子たちはヨハネのもとに来て、こう言いました。

「先生、ヨルダン川の向こう側であなたと一緒にいた人、あなたが証しされたあの人が、洗礼を授けています。みんながあの人の方へ行っています。」（26節）

このヨハネの弟子たちの言葉には、一種のひがみ、あせりのようなものが感じられます。「ヨハネ先生、あのイエスという人は、あなたから洗礼を受けた人でしょう。それが今、みんなあの人のほうへ行っていますよ。放っておいてよいのですか」。

しかしそれに対するヨハネの答えは、非常に冷静であり、自分の分をよくわきまえたものでした。「私はメシアではなく、あの方の前に遣わされた者だ」（28節）。「花嫁を迎えるのは花婿だ。花婿の介添え人は立って耳を傾け、花婿の声を聞いて大いに喜ぶ。だから、私は喜びで満たされている」（29節）。「あの方は必ず栄え、私は衰える」（30節）。この最後の言葉は、あきらめと悔しさが感じられる言葉とも取られかねません。しかしこの言葉は、「私は喜びで満たされている」という言葉の続きで読まれなければなりません。

洗礼者ヨハネは、イエス・キリストの道備えをした人でしたが、ヨハネ福音書では同時に、イエス・キリストを指し示した証人であるということが強調されています。ルカ福音書によれば、洗礼者ヨハネは、イエス・キリストより六か月前にエリサベトの胎に宿ったということですので（ルカ1・36）、ほぼ同い年、半年だけヨハネが年長です。

洗礼者ヨハネの置かれた位置、担った役割というのは、まずイエス・キリスト以前において、旧約以来ずっと続いてきた最後の預言者であると言えるでしょう。旧約聖書のまとめをするように、そうしたすべての預言者の思いを身に引き受けて、イエス・キリストの直前にあって、その直接の道備えをしたのです。

それと同時に、イエス・キリストの最初の証人です。イエス・キリストの傍らに立って、「見よ、世の罪を取り除く神の小羊だ」（1・29）と、イエス・キリストを指し示した人です。ですから旧約の預言の総括でありつつ、新約の先駆でもあると言ってもよいでしょう。そこに本当の喜びがあることを知っていたがゆえに、そして本当に指し示すべきものが何であるかを知っていたがゆえに、ヨハネは喜んで、「あの方は必ず栄え、私は衰える」と言うことができたのではないでしょうか。自分を卑下して言ったわけではありません。

私はこのヨハネの姿は、伝道者・牧師のあるべき姿を、模範として指し示していると思います。プロテスタント教会の場合、説教が礼拝の中心であることもあり、しばしば「何々先生の教会」と言われます。そして「有能な」伝道者・牧師が去ると、礼拝の出席人数もがたっと減ってしまうことがよくあります。しかしその伝道者の仕事がどういうものであったかは、むしろその人が去った後で明らかになると言えるのではないでしょうか。

伝道者・牧師の仕事とは、鉄道の保線員の仕事のようなものだと言われます。保線員の仕事とは、主役である電車が無事に線路の上を走り抜けることができるように、線路の点検整備をすることです。教会に当てはめてみるならば、電車はイエス・キリスト、あるいは聖霊です。伝道者は、その聖霊という名の電車がきちんと走り抜けることができるように、自分の持ち場をしっかりと守るのです。

「あの方は必ず栄え、私は……」

24節において、唐突に「ヨハネはまだ投獄されていなかったのである」と記されていますが、これから後、洗礼者ヨハネは、領主ヘロデが兄弟の妻ヘロディアを横取りしたことを非難したために、投獄され、結局、ヘロデ一家の慰み物のようにされながら、首をはねられ、悲劇的な生涯を終えることになるのです（マタイ14・1～12参照）。

洗礼者ヨハネは、この世的な視点からすれば、非常に悲劇的な生涯の終わり方をしました。彼はその生き方だけではなく、その死に方においても、イエス・キリストの先駆であったと言えるでしょう。イエス・キリストも洗礼者ヨハネと同じく、あるいはもっと悲劇的、かつ屈辱的、そして残虐な死に方をされたからです。しかしヨハネは、そのように死んでいく時にも、自分の人生は決して無駄ではなかったということを十分に知り、「あの方は必ず栄え、私は衰える」と思ったことでしょう。

牧師・伝道者でなくても、同じことが言えます。私たちの人生は、やがて必ず終わりを迎えます。ある人はこの世的に成功をし、祝福のうちにその人生を終えるかもしれません。またある人は、この世的な意味では恵まれない形で、それを終えるかもしれません。しかしそうしたことはあまり重要なこと、本質的なことではないのです。本当に大事なのは、その生涯を通じて、イエス・キリストを指し示し、そしてそのことによって喜びを得たかどうかではないでしょうか。私たちも洗礼者ヨハネから学びつつ、彼が「この人を見よ」と指し示したイエス・キリストにつながって生きる者となりたいと思います。

14　天と地と

3章31～36節

ヨハネ教団の信仰告白

上から来られる方は、すべてのものの上におられる。地から出る者は地に属し、地に属する者として語る。天から来られる方は、すべてのものの上におられる。（31節）

前にも述べましたが（74頁参照）、ヨハネ福音書で戸惑うのは、時々それが一体誰の言葉であるのかわからなくなるということです。今回の箇所もそうです。これは30節の「あの方は必ず栄え、私は衰える」という洗礼者ヨハネの言葉に続くものですので、そのまま読むと、洗礼者ヨハネの言葉ということになるでしょう。しかし内容的に言えば、洗礼者ヨハネの発言であることを超え、いつの間にかヨハネ福音書記者自身の言葉になっています。さらに言えば、ヨハネ福音書記者が属していた教会

（ヨハネ教団）の信仰告白が、ここに表れているのです。「地から出る者」とは、洗礼者ヨハネのことだけではなく、すべての人間のことと言えるでしょう。

「この方は、見たこと、聞いたことを証しされる」（32節）。「神がお遣わしになった方は、神の言葉を語られる。神が霊を限りなくお与えになるからである。御父は御子を愛して、その手にすべてを委ねられた」（34〜35節）。

これらの言葉は、イエス・キリストがどういう方であるのかを語っています。子なるキリストが、天上で見たことや父なる神から聞いたことを、地上で話し、証しされるということは、父なる神と子なるキリストは、別々の人格（位格）でありながら、同時に一心同体であるということでしょう。ですから、その方は「神の言葉」を話されるのです。そして父と子が一体であるために、子が父なる神の言葉を話すために、「神が霊を限りなくお与えになる」。神学的表現で言えば、この箇所は、父・子・聖霊の三位一体について語っているとも言えるでしょう。

誰かを知る二つの方法

私たちが誰かを知るには二通りの仕方があります。一つは、その人を外側から観察する仕方。「これくらいの背丈で、手はごつごつしている。どこの生まれで、こういう仕事をしている」。その人に関するデータを集めて、その人を知ろうとする。そこには人格的な触れあいはなく、その人が自分をどう思っているかはわかりません。

もう一つの仕方は、その人と直接話をし、その人の言葉を聞くことです。その人が自分のことをどう思っているのかということを、観察によってではなく、その人の言葉を通して直接知るのです。もちろんそのためには信頼関係が必要です。

私たちが神を知る方法も、この二通りの仕方が考えられます。

神様に関する何らかの「データ」を集めてみようとするかもしれません。こんな不思議な大宇宙が存在するということ、こんなすばらしい世界、花や鳥や動物や人間、とてもこれは偶然にできたとは思えない。やはり創造主なる神様はおられるのだ。あるいは哲学的に、究極の価値について、真・善・美について考えていけば、神がどういう方であるかという考えに到達するかもしれません。それらは補助的には有効かもしれませんが、限界があります。そこには人格的な出会い、触れあいがありません。何か神様らしきものに到達したとしても、それは　つの概念であって、生きた神様とは言えないでしょう。

聖書の神様を知る方法というのは、二つ目の仕方、人格的触れあいの中で、直接その方の言葉を聞くことによって知る方法なのです。そんなことが果たして可能なのかということになりますが、「イエス・キリストを通して、それが可能になった」と、聖書は私たちに告げているのです。「神がお遣わしになった方は、神の言葉を語られる。神が霊を限りなくお与えになるからである」（34節）。自然を観察し、宇宙を観察し、というのではない。哲学的に究極の価値に到達するというのでもない。「神の言葉」を通して、神が一体どういうお方であるかを知るのです。

神の言葉

「神の言葉」とは、第一義的にはイエス・キリスト（「啓示された神の言葉」、カール・バルトの表現、『教会教義学　神の言葉Ⅰ／1』1章4節「三形態の中での神の言葉」参照）のことであり、第二義的には、そのイエス・キリストについて預言し、証しした聖書（「書かれた神の言葉」）のことであると言えるでしょう。「神は、私のことをどう思っておられるのか」「この世界をどうしようとされているのか」そうしたことを、私たちは、「神の言葉」を通して知るのです。

この「神の言葉」は、単にイエス・キリストの口から発せられた言葉というだけではありません。イエス・キリストのなされた行為も「神の言葉」です。いやイエス・キリストという存在そのものが「神の言葉」です。イエス・キリストの誕生、イエス・キリストの生涯、イエス・キリストの十字架、イエス・キリストの復活、それら全体が「神の言葉」なのです。そこにはっきりと神の意志が表れているからです。それが「言《ことば》が肉となった」ということです（1・14参照）。

誰かを知る時の二つ目の方法では、その人に対する信頼がなければならないと言いました。神を知る時も同じです。神がイエス・キリストを通して、真実を語っておられるという信頼、あるいは信仰がなければ、それは通じません。ところが「この方は、見たこと、聞いたことを証しされるが、誰もその証しを受け入れない」（32節）とあります。せっかく神が、独り子を遣わして、ご自分の意志を伝えようとしているのに、人はそれを受け入れようとしない、というのです。これが悲しい、そして残念な、私たち人間の現実でありましょう。

ところがその先には、「その証しを受け入れる者は、神が真実であることを確かに認めたのである」（33節）とあります。これはその前の「誰もその証しを受け入れない」という言葉と矛盾するように思えますが、そこが聖書の不思議なところです。

「この世に生まれてきた一人の人間が、実は神の子であった。その方の言葉と生涯に神の意志が証しされている」などというのは、普通はありえないことでしょう。ところがそこを乗り越えて、「その証し」を受け入れた時に、それまでどうしても理解できなかったことがわかるようになり、世界が全く違って見えてくるのです。そこには、私たちの決断がなければなりませんが、決断を可能にしてくれるのも聖霊なのです。

15　水を求めるイエス

4章1～9節

主イエスも疲れる

イエス・キリストの一行は、ユダヤから再びガリラヤへ行かれるのですが、その際サマリアを通られることになります。そしてシカルという町のはずれにある井戸にたどり着きました。正午頃のことです。弟子たちは町へ食べ物を買いに行っており、イエス・キリストだけがそのまま井戸のところに、座り込んでおられました。「イエスは旅に疲れて、そのまま井戸のそばに座っておられた」（6節）と記されています。夜中から、あるいは明け方から正午まで歩き続けたのかもしれません。

これを読んで、私は、「イエス様でも疲れるんだ。私たちと同じなんだ」と思いました。神の子であれば疲れを知らないのかなと思ってしまうことがありますが、「人となられた」ということは、すべて人間がもつ苦労や疲れなども同じように背負われたということです（ヘブライ4・15参照）。

しかし主イエスは、水がめも小さな器も何も持っておられません。そこへちょうど、水がめを持った一人の女性が近づいてきました。主イエスは彼女に「水を飲ませてください」（７節）と頼まれました。

サマリアの女の言葉の意味

彼女はどきっとして、このように問い返します。「ユダヤ人のあなたがサマリアの女の私に、どうして水を飲ませてほしいと頼むのですか」（９節）。この言葉には、さまざまな意味と思いが込められております。

第一に、このすぐ後に記されておりますように、ユダヤ人はサマリア人と交際していなかったということです。特にユダヤ人がサマリア人を軽蔑し、嫌っていたのです（99〜100頁参照）。

第二は、イエスが男であり、相手が女であったということです。当時の風習としては、公の場所で男が女に声をかけてはいけなかったのです。挨拶すらしてはいけなかった。ユダヤ教の教師であるラビは、特にそうでありました。もし公の場所で、誰か女性に声をかけているのを見られたら、それは教師としての名誉を失うことになる。そういう風習の中で起きた出来事です。

しかし彼女がどきっとしたことには、もう一つの個人的理由がありました。彼女はできるだけ人と会いたくなかったのです。ですから昼の最も暑い時間に水をくみに来ていました。水くみは朝の早い時間か夕方の涼しい時間に行うものと相場が決まっていました。女性たちはおもに、家の中で仕事をしていましたから、この水くみの時が貴重な社交の場でもありました。この時に彼女たちは、家の仕事から一時解放されて、たわいないおしゃべりをして息抜きをしたでしょうし、いろいろと情報交換をしたでしょう。日本語にも井戸端会議という言葉があります。

しかしこの女性は、そうした交わりそのものがいやだったのです。誰からも声をかけられたくなかった。声をかけられなくても、自分がおしゃべりの的にされているのを感じていた。この後18節のところでイエス・キリストが言い当てられた通り、彼女には五回の結婚歴があり、今連れ添っている人も正式な夫ではなく、ただ同棲していただけでありました。彼女は、身持ちの悪い女としてレッテルを貼られ、サマリアの女性たちの交わりからもはずされていたのです。

9節の言葉は、彼女の率直な驚きを表しているとも受けとめられますし、同時に、彼女が受けている民族的差別、性的差別、そして個人的差別の仕返しのような、ちょっと意地悪な響きがあるようにも受けとめられます。「普段は口もきかないくせに、困った時だけ頼み事ですか。自分でおくみになったらいかがですか」。このところの主イエスは、本当にみじめな、あわれな感じに見えます。

十字架の主イエスのひな型

しかし私はこの時の主イエスの姿はあの十字架のひな型ではないかと思います。イエス・キリストが十字架にかけられた姿を思い起こしてください。

人間として、最もみじめな姿です。下を通る人がみんな、イエス・キリストのことをあざ笑いました。「神の子なら、自分を救ってみろ。そして十字架から降りて来い」（マタイ27・40）と言いました。そのようなあざけりの中で十字架にかけられて死んでいかれたのは、どんな人間のみじめさよりも下に立ち、そのみじめな人間のみじめさを引き受けられたからではなかったでしょうか。

また十字架上のイエス・キリストと、サマリアでのイエス・キリストを結ぶ大事な言葉があります。それは「渇く」という言葉です。

この後、イエスは、すべてのことが今や成し遂げられたのを知り、「渇く」と言われた。こうして、聖書の言葉が実現した。そこには、酢を満たした器が置いてあった。人々は、この酢をいっぱい含ませた海綿をヒソプに付け、イエスの口元に差し出した。イエスは、この酢を受けると、「成し遂げられた」と言い、頭を垂れて息を引き取られた。（19・28〜30）

のどが渇いた時に酢を飲まされると、いっそう苦しくなると思います。しかしそれが彼にとって、最後に許された唯一の飲み物でした。そのようなみじめな姿で息を引き取ることによって、すべて神様の計画は成し遂げられた、成就したというのです。これは人間の中で一番底辺に立たれた、神の子の姿ではなかったでしょうか。

4章の物語に帰ると、この時主イエスは、このサマリアの女に向かって、「水を飲ませてください」と懇願することによって、みんなから差別され、自分でも卑下しているようなこの女性の下に立たれたのです。命の水を持ち、くめどもつきない泉のようなお方（14節参照）が「のどが渇いた。水をください」と彼女に懇願しておられる。私は、この一見矛盾するようなイエス・キリストの姿にこそ、まことの救い主の姿を見るのです。そのようにしてしか、彼女との会話も、この後深まっていく彼女の求道のプロセスも始まらなかったでしょう。あえて言えば、主イエスが人を救うために十字架上でみじめな姿をさらされたように、ここでは彼女を救うために、彼女の前にみじめな姿をさらし、彼女の下に立たれたのでした。

16　水を与えるキリスト

4章10～26節

サマリアの女の応答

「ユダヤ人のあなたがサマリアの女の私に、どうして水を飲ませてほしいと頼むのですか」（9節）と問うたサマリアの女に対して、主イエスはこう言われました。「もしあなたが、神の賜物を知っており、また、『水をください』と言ったのが誰であるかを知っていたならば、あなたのほうから願い出て、その人から生ける水をもらったことであろう」（10節）。

主イエスの、この謎かけのような言葉を、彼女はすぐには理解することができませんでしたが、何か大事なことが含まれていると感じたのでしょう。彼女は、「主よ」と呼びかけて、主イエスに率直に問い返します。

「主よ、あなたは汲む物をお持ちでないし、井戸は深いのです。どこからその生ける水を手にお入れになるのですか。あなたは、私たちの父ヤコブよりも偉いのですか。ヤコブがこの井戸を私たちに与え、彼自身も、その子どもや家畜も、この井戸から飲んだのです。」（11～12節）

自分の前にいるこの人はただ者ではないということを、彼女は感じ始めています。彼女の中で変化が起き始めています。主イエスは、再び口を開き、こう答えられました。「この水を飲む者は誰でもまた渇く。しかし、私が与える水を飲む者は決して渇かない。私が与える水はその人の内で泉となり、永遠の命に至る水が湧き出る」（13～14節）。主イエスは、それまで「その人」（10節）と三人称で言われていたのを、ここではっきりと「私」と言われました。

その言葉を受けて、彼女は再び応答いたします。「主よ、渇くことがないように、また、ここに汲みに来なくてもいいように、その水をください」（15節）。しかしこの言葉で、彼女がまだピントはずれの理解をしていることがわかります。

魂の奥深い渇き

対話は続きます。主イエスは、彼女の言葉に直接には答えず、唐突に「行って、あなたの夫をここに呼んで来なさい」（16節）と言われました。彼女にしてみれば、一番聞かれたくないことを聞かれた、一番触れられたくない部分に触れられた、ということになるでしょう。

主イエスは、なぜ突然そのことに触れられたのでしょうか。彼女を困らせようとされたのではありませんし、彼女の弱みにつけこもうとされたのでも、彼女をからかおうとされたのでもありません。もちろん興味本位のことでもありません。彼女の本当の渇き、魂の渇きが、そこにあるとご存じであったからです。「主よ、渇くことがないように、その水をください」という言葉は、自分でも気づいていない、イエス・キリストに向かっての魂の叫びであったのかもしれません。

女は答えて、「私には夫はいません」と言った。イエスは言われた。「『夫はいません』というのは、もっともだ。あなたには五人の夫がいたが、今連れ添っているのは夫ではない。あなたの言ったことは本当だ。」（17～18節）

主イエスは、彼女の状況を見事に言い当てるのです。主イエスは彼女の急所をぐさりと突き刺します。彼女は、すべて見透かされたので、「主よ、あなたは預言者だとお見受けします」（19節）と言いました。

五回も結婚と離婚をくり返したという事実をどう受けとめるか。彼女の生活はみだらなものであったと言う人もあるかもしれません。しかし私は、むしろこれは彼女の不幸な結婚生活を表すものとして受けとめたいと思います。彼女は恐らくその都度、今度こそ幸せになりたいと思って結婚したのではないでしょうか。しかし男のほうはそうは思ってはいない。彼女のことを本気で思っているわけではない。そして捨てられる。そのくり返しです。今同棲している相手も、彼女のことをそのようにしか考えていないかもしれません。だから結婚もしないのでしょう。彼女自身、一人でいる寂しさに耐えられず、とにかく寄りかかる相手が欲しかったのではないでしょうか。言葉を換えて言えば、彼女の渇きを一時的にでもいやしてくれる相手、あるいは忘れさせてくれる相手が欲しかったのです。しかしその水はいくら飲んでも渇く、満たされることがない。イエス・キリストは、彼女の本当の渇きが一体どこにあるのかを知っておられたのです。生活のあり方に、どこか根本的なひずみがある。彼女自身、そのことに気づいているのかもしれないけれども、自分ではどうすることもできない。悪循環です。そのようにして時が経っていく。いずれどんな男も自分に振り向いてくれない日が来るかもしれない。そのことを認めたくない。恐ろしい。イエス・キリストは、そこを捉え、永遠の命に至る水がどこにあるかを示されたのです。

命の泉につながること

さて、水を入れる水がめは私たち人間の器と読むこともできるでしょう。私たちは、その器が大きいと、人に与えられるものも大きいと考えます。器が大きいとは、人間的な面で度量が大きいということもありますし、たくさん教育を受けた、学問をやったということもあるでしょう。あるいは社会的に地位があるとか、あるいはお金がいっぱいあるということも、それに数えられるかもしれません。器が大きい人は余裕があります。しかし私たち人間の器、あるいは状況の器というものは、やはりそれなりに限界があるのです。器が単に器である限り、どこかから水を補充していかなければ、やがて尽きてしまうでしょう。私たちの器の大きさというものは、相対的な違いでしかないのです。

私たちにとって本当に大事なことは、自分の器を大きくしていくよりも、水を補給する仕方を知っていること、つまり命の泉とつながっていることではないでしょうか。それによって私たちは、人に何かを提供し続けられますし、自分自身がいつも新たにされていきます。小さい器は小さい器なりに、命の泉のように人と接していけるのではないでしょうか。

クリスチャンとして生きるとは、その命の泉につながって生きることだと言えるでしょう。新たにされる力の源泉を知っている。そこからエネルギーを得ている。人間は誰でも疲れるのです。しかし疲れをいやし、渇きをいやしてくださる方がおられるのです（マタイ11・28参照）。

17 対立を超えて

4章19〜26節

ユダヤとサマリア

「(イエスは、)ユダヤを去り、再びガリラヤへ行かれた。しかし、サマリアを通らねばならなかった」(3〜4節)。この言葉には、強い必然性が込められています。それは、個人的レベルで言えば、このサマリアの女と出会うためであったということかもしれませんが、もっと大きなレベルで言えば、サマリアとユダヤの対立を克服されるためであったということもできるでしょう。

ユダヤ人とサマリア人の対立は、古くは紀元前九二六年、ソロモン王の死んだ後、王国が北と南に分裂した時にさかのぼります。その後のことで言えば、紀元前七二二年に北王国イスラエルが滅亡し、その都であったサマリアはアッシリア軍によって支配され、その時からメソポタミア、小アジアから外国人がたくさん、サマリアの地に移り住むようになりました。サマリアはそれによって半異教的な民族になり、民族の純粋性を尊ぶユダヤ人との間に対立が生じるようになったのです。ユダヤ人はサマリア人と交わることを嫌い、サマリア人のほうでもこれに対抗してエルサレムには行かず、ゲリジム山に神殿を建ててそこで礼拝するようになりました。これが時代背景です。

過去からではなく、将来から

彼女は主イエスの問いかけを機会に、自分の個人的問題を超えた大きな歴史的・社会的問題を、イエス・キリストに投げかけます。

「私どもの先祖はこの山で礼拝しましたが、あなたがたは、礼拝すべき場所はエルサレムにあると言っています。」(20節)

彼女は特に宗教教育を受けた人間ではありません。しかし素人であればあるほど不思議に思える。「どうして一人の神様を、あなたたちユダヤ人と私たちサマリア人が、競い合うようにして張り合って、別の聖所を建てて礼拝しているのですか」。それに対して、教育を受けた人であれば「そこには歴史的由来があってね……」と答えるかもしれません。

しかしイエス・キリストの答えは全く違っていました。「女よ、私を信じなさい。あなたがたが、この山でもエルサレムでもない所で、父を礼拝する時が来る」（21節）。過去を振り返るのではなくて、将来の話をされました。どうしてそういう対立が生まれたかということよりも、それが克服される日が来る、という話をされたのです。

「まことの礼拝をする者たちが、霊と真実をもって父を礼拝する時が来る。今がその時である。父はこのように礼拝する者を求めておられるからだ。神は霊である。だから、神を礼拝する者は、霊と真実をもって礼拝しなければならない。」（23～24節）

彼女はどちらが本当の礼拝の場所か、ということを尋ねましたが、主イエスはそれに対して「救いはユダヤ人から来る」（22節）という聖書の歴史を踏まえつつ、それを超えたところからお答えになりました。そうした二者択一そのものが問題なのであり、そのような発想そのものを退けられたと言ってもよいでしょう。

誤った二者択一の克服

今日の世界もまた、あまりにも単純な二元論に陥り、誤った二者択一を私たちに迫ってきます。「彼らが正しいのか、我々が正しいのか」。「正義はどちらの側にあるのか」。「正義と民主主義の側につくのか、それともテロリストの側につくのか」。「テロの脅威におびえながら過ごすのか、それとも悪の根をうち砕くのか」。私はこのような二者択一は非常に危険であり、その危険の中に入り込むことは、宗教的な表現を用いれば、悪魔の誘惑だと思います。人と人、国家と国家、民族と民族が対立し合うことこそが、悪魔のねらいであるからです。宗教がそれにからんできます。

しかし、本当は宗教の違いによって戦争するのではなく、その背後には必ずこの世的な利害関係があり、打算があります。それを隠蔽《いんぺい》するため、それを正当化するために宗教が、そして神の名がもち出されるのです。

最前線で自爆したり、攻撃したりする者は、神のために、神の正義のためにと思っているかもしれません。しかしそれは、マインドコントロール（洗脳）です。それを操る人間の思惑と、それを神のためと信じ込ませられる人間の無謀さで、戦争が遂行されていく。

それでは宗教に全く責任がないのかと言えば、そうではありません。信仰をもつ者は、その正当化を許さず、「神様はそんなことを言っていない」と言い続ける責任があります。

このサマリアの女と主イエスの対話で興味深いのは、彼女の非常に内面的な事柄、深い魂にかかわる事柄と、それをはるかに超えた大きな次元の事柄、歴史的・社会的事柄が、不思議に一つの問いになっているということです。彼女にとっては、自分の魂の問題と社会的問題は切り離せないことでした。

この二つの事柄は、しばしば切り離されて語られ、不幸なことに、福音派、社会派と色分けされて対立することさえあります。福音派と呼ばれる人たちは個人の魂の救いを目指し、社会派と呼ばれる人たちは福音が社会に根づき、社会が変革されることを目指して働きます。しかし私はこれも誤った二者択一であり、不幸な分裂・対立であると思います。

今の世界は、分裂・対立の方向、自分と違った相手を自分の支配下におこうとする方向と、和解・共存の方向、違った相手と共に生き、お互いに生かし合って生きようとする方向、この両方の方向を含みもっていると思います。そういう中で、果たして神様はどのような世界を望んでおられるのかということをたずね求めなければならないでしょう。

聖書は、私たちの世界に、分裂・対立があることをありのままに語りつつ（20節など）、同時にそれを克服して共に生きるということを示しています。

多くの民は来て言う。
「さあ、主の山、ヤコブの神の家に登ろう。
主はその道を私たちに示してくださる。
私たちはその道を歩もう」と。……
主は国々の間を裁き
多くの民のために判決を下される。
彼らはその剣を鋤に
その槍を鎌に打ち直す。（イザヤ書2・3〜4）

これは終末論的預言と言えますが、それは、ずっと先ということではありません。イエス・キリストは「今がその時である」（23節）と告げ、「私はそれを知らせるために来たのだ」（26節参照）と語られるのです。

18　伝えずにはいられない　4章27〜42節

伝道の基本

さて、町の多くのサマリア人は、「あの方は、私のしたことをすべて言い当てました」と証言した女の言葉によって、イエスを信じた。（39節）

サマリア伝道というのは、ヨハネ福音書に基づいて言えば、イエス・キリストと一人の女性との小さな対話から始まりました。私は、この一対一の対話というのが、伝道の基本であると思います。そこでその人独自の問題を一緒に受けとめるということを、おろそかにしてはならないし、そんなことしかできないと、過小評価する必要もありません。その小さな対話から大きな業が生み出されていく。ここでも、この女性が証人、あるいは伝道者となって、福音がサマリアの町全体に広がっていきました。

次に、伝道というのはまず伝える人自身がつくり変えられることから始まるということを、心に留めたいと思います。

女は、水がめをそこに置いて町に行き、人々に言った。「さあ、見に来てください。私のしたことをすべて、言い当てた人がいます。もしかしたら、この方がメシアかもしれません。」（28〜29節）

彼女は、この井戸に水くみにやってきたのですが、その本来の仕事を忘れ、水がめを置き忘れるほどびっくりしたのです。この驚きは恐怖ではありません。喜びで心が弾んでいる。これを伝えずにはいられない。彼女はもともと人目を避けて生き、人目を避けて真っ昼間に水をくみに来ていました。ところが、そんなことさえ、どうでもよくなってしまった。イエス・キリストとの出会いが、それほどまでに彼女を変えて、恥ずかしさをも克服させた。自分で人の中へ飛び込んでいく。人との隔ての壁を打ち破らせたのです。

私は、「喜びで心が弾んでいる」というのは、とても大事だと思います。他の人から見て魅力があるかどうかということです。「あの人が、あんなに喜びに満ちているのは、いったい何なのだろう。何があの人の表情をあんなに明るくさせたのだろう。何があの人を変えたのだろう。私もそれを知りたい。そのようになりたい」。この時のサマリアの人たちも、それまでとは別人のような、喜びに満ちた女性が現れたのを見て、そう思ったのではないでしょうか。だからこそ、「人々は町を出て、イエスのもとへ向かった」（30節）のです。

感動がない弟子たち

ちょうど、イエス・キリストがこのサマリアの女と話しておられるところへ、弟子たちが町から買い物を終えて帰ってきます。彼らはイエス・キリストがこの女性と話しておられるのを見て、驚きました。当時、知らない女性と、むやみに話してはならなかったからです。それはラビの品位にもとることでした。しかし彼らは、何も尋ねません。「先生、どうなさったのです。人に見られたらどうするのですか」など複雑な思いをもちながら、結局何も尋ねないのです。

私は、この弟子たちは、このサマリアの女と対照的であると思います。サマリアの女は、主イエスと出会って、疑問に思っていることを何でも率直に尋ねました。それで少しずつ変えられていきました。

ところがこの弟子たちは、不思議に思っても、心の中にため込んでしまったのです。この続きでもそうです。恐らく気まずい沈黙が続いた後に、弟子たちは「先生、召し上がってください」と言いますと、「私には、あなたがたの知らない食べ物がある」（32節）と言われました。弟子たちはそれを聞いて、「誰かが食べ物を持って来たのだろうか」と互いに言い合ったとあります。ここでもそれを直接主イエスにぶつけるのではなくて、自分たちの中で悶々《もんもん》としていたのです。

私は、この弟子たちは常識人間の典型であるように思います。主イエスがサマリアの女と話しておられるのを見て、それが常識を超えたことであるので戸惑いました。常識の範囲内だけで考えようとする。主イエスに従って旅をしていたのに、彼らの姿には喜びがないように思えます。

「あなたがたは、『刈り入れまでまだ四か月ある』と言っているではないか。しかし、私は言っておく。目を上げて畑を見るがよい。すでに色づいて刈り入れを待っている。」（35節）

そういう状態であることを弟子たちに告げるのです。「刈り入れを待っている」とは、この後にサマリアの人々がイエス・キリストを受け入れていくことを予感させる言葉です。弟子たちがそのように何もしないでいる間に、その弟子に代わるようにして、サマリアの女がイエス・キリストのところから町に出ていって、イエス・キリストを宣べ伝える仕事をしている対比が鮮やかです。

種まきと刈り入れ

「刈り入れる人は報酬を受け、永遠の命に至る実を集めている。こうして、蒔く人も刈る人も共に喜ぶのである。『一人が蒔き、一人が刈り入れる』ということわざのとおりになる。」（36～37節）

種まきと刈り入れは、普通は一人の人によってなされるものです。種まきだけをするのではやる気がなくなってしまいます。やがて色づいて刈り入れの時がくる。それを楽しみにして、種をまくものでしょう。ところが伝道というものは必ずしもそうではありません。しばしば「一人が種をまき、別の人が刈り入れる」ということになります。

「私は、あなたがたを遣わして、あなたがたが自分で労苦しなかったものを刈り取らせた。ほかの人々が労苦し、あなたがたはその労苦の実りにあずかっている。」（38節）

それはまず、イエス・キリストが種をまいたものを、やがて弟子たちが刈り入れる日がくるということでしょう。そして弟子たちが種をまいたものをその次の世代が刈り取っていくのです。このことは、今日の教会においても同じです。今日の教会があるのは、多くの先輩の伝道者、そして信徒の方々の種まきのゆえです。その実りを、私たちが刈り入れているのです。同時に私たちも、次の世代の人々が収穫を得ることができるように、種まきをしていかなければならない。刈り入れをしながら種まきをしていく。一つの業が刈り入れであると同時に、種まきになっていくのです。それが伝道の業の不思議なところです。そのようにして初めて、「こうして、蒔く人も刈る人も共に喜ぶ」（36節）ということが実現するのです。

19 聞いて信じる

4章43～54節

見て信じるか、聞いて信じるか

主イエスは「預言者は、自分の故郷では敬われない」（44節）と語られましたが、その直後に「ガリラヤにお着きになると、ガリラヤの人たちはイエスを歓迎した」（45節）と記されています。一見、矛盾するようですが、彼らの歓迎は、全く表面的なものでした。

ガリラヤの人々は、イエス・キリストの奇跡を知っており（2・23参照）、ぜひそのような奇跡を、自分たちの故郷でもしてもらいたいという思いで、歓迎したのです。ですからイエス・キリストは、「あなたがたは、しるしや不思議な業を見なければ、決して信じない」（48節）とかえって彼らの歓迎を否定するようなことまで言われました。

このガリラヤの人々の反応は、これまでのサマリア人たちの反応と対照的です。「さて、町の多くのサマリア人は、……女の言葉によって、イエスを信じた」（39節）。「そして、さらに多くの人が、イエスの言葉を聞いて信じた」（41節）。「私たちが信じるのは、もうあなたが話してくれたからではない。自分で聞いて、この方が本当に世の救い主であると分かったからである」（42節）。これは、聞いて信じる信仰です。

サマリア人というのは、ユダヤ人から見れば亜流です。ユダヤ人たちは自分たちこそ、信仰の本家本元だと思っていました。ところがそのユダヤ人が、エルサレムにしろ、ガリラヤにしろ、奇跡を「見て信じる信仰」に留まっているのに、亜流のはずのサマリア人は、「聞いて信じる信仰」をしっかりともっていたのです。見て信じる信仰というのは、まだ本物の信仰だとは言えません。

復活のイエス・キリストが弟子たちに現れた時、弟子の一人トマスは不在でした。彼は、いくら他の弟子たちの証言を聞いても、「あの方の手に釘の跡を見、この指を釘跡に入れてみなければ、また、この手をその脇腹に入れなければ、私は決して信じない」（20・25）と言い張りました。

すると主イエスは、トマスのためにもう一度現れてくださり、「あなたの指をここに当てて、私の手を見なさい。あなたの手を伸ばして、私の脇腹に入れなさい。信じない者ではなく、信じる者になりなさい」（同27節）と言われました。彼は、そこで主イエスの御心を知り、「私の主、私の神よ」という信仰告白をします。そこで主イエスは、有名な言葉を語られました。「私を見たから信じたのか。

見ないで信じる人は、幸いである」（同29節）。

奇跡を願う信仰

このところでもやはり見て信じる信仰から、言葉を聞いて信じる信仰へ、ということが主題になっています。舞台は、ガリラヤのカナです。そこはイエス・キリストが最初の奇跡、しるしを行われたところでした。そこへカファルナウムという別の町から、一人の王の役人がわざわざイエス・キリストを訪ねてきました。カファルナウムからカナまでは直線距離で約三十キロです。その道のりを越えて、イエス・キリストに会いにやってきたのです。彼の息子が、死にかけるほどの病気であったからです。「どうぞカファルナウムまで下って来て、息子をいやしてください。息子が死にかかっているのです」と訴えました。主イエスは、それを聞いて「あなたがたは、しるしや不思議な業を見なければ、決して信じない」（48節）と、冷たい反応をされました。しかし彼はあきらめません。「主よ、子どもが死なないうちに、お出でください」（49節）と、しつこく食い下がります。そこで主イエスのほうが、その熱意に負けたのでしょうか。あるいはこの王の役人の中に、何かしら、他のユダヤ人とは違う信仰のかけらを見て取られたのでしょうか。次のような言葉をかけられるのです。「帰りなさい。あなたの息子は生きている」（50節）。

見ないで信じる信仰

この言葉は、この王の役人を戸惑わせたことでしょう。彼が願ったことは、イエス・キリストを連れて帰って、いやしていただくことでした。そのことは拒否されたのです。しかし全く拒否されたのではなく、「あなたの息子は生きている」と宣言をされた。つまり彼はこの時、イエス・キリストの救いの宣言だけを聞いて、その言葉を信じるかどうかが問われたのです。彼は、「いや、あなたをお連れするまでは信用するわけにはいきません」と言うことができたかもしれませんし、「ちょっとお待ちください。遣いの者をやって、本当に治ったかどうか確かめさせますから」と言うこともできたかもしれません。しかし彼は、この時見ないで信じる信仰へと促されていきました。彼は、「イエスの言われた言葉を信じて帰って行った」（50節）のです。

ヘブライ人への手紙11章1節に、「信仰とは、望んでいる事柄の実質であって、見えないものを確証するものです」とあります。新共同訳聖書では、「信仰とは、望んでいる事柄を確信し、見えない事実を確認することです」となっていました。彼はこの時、まさにまだ見ていない「事実を確認」して、帰って行ったと言えるでしょう。

帰って行く途中で、息子の病気が良くなったことを知らされました。そしてその時刻を尋ねますと、イエス・キリストが「あなたの息子は生きている」と宣言されたのと同じ時刻でした。大事なことは、彼はしるしを見て信じたのではなくて、見ないまま、言葉を聞いて信じた。その結果として、しるしが与えられたということです。

確かに、しるしと信仰はそういう関係にあるのでしょう。信仰をもって見て、はじめてしるしは意味をもってくるのです。信仰をもってでなければ、しるしをしるしとして見抜くことすらできないかもしれません。この王の役人も、これを単なる偶然と呼ぶこともできたわけですが、彼は見ないで信じた結果、それをしるしとして見ることができたのだと思います。

この王の役人の息子は、その時は元気になりましたが、当然いつかは死んでいきました。そのことからすれば、いやしというのは、一時的なものであると言えます。いずれは誰もが死ぬのです。

イエス・キリストが、この時「あなたの息子は生きている」と宣言なさった。その宣言を、彼は受けとめて帰った。この言葉こそ、息子の肉体的な命を超えたところで、真実なものとして残るものでしょう。「そして、彼もその家族もこぞって信じた」（53節）と記されています。結果として家族全体に信仰の輪が広がったことのほうが、実は深い意味をもつのではないでしょうか。

20　起き上がりなさい

5章1～16節

孤独と競争の社会

エルサレム神殿の北方、約三百五十メートルのところにベトザタと呼ばれる池がありました。ベトザタは「恵みの家」という意味ですが、この池のまわりの情景は、この幸いな名前からはほど遠いものでした。回廊には、病気の人、目の見えない人、足の不自由な人、体の麻痺した人などが大勢横たわっていました。この池には病気をいやす力があると信じられていたからです。

今日では、これまで絶対に治らないとされてきた病気もその原因が解明され、治療方法も見いだされてきました。しかし逆に、これまで存在しなかった新しい病気も出現して、別の形で不治の病というものがやはり存在します。病気というものが、今日においても、私たちを襲う最も大きな苦しみの一つであることには変わりありません。

しかしもっと心が痛むのは、この病人の言葉（7節）に表れている現実です。それは一つには、「水が動くとき、私を池の中に入れてくれる人がいません」ということです。この人には、彼の病気を共に苦しみ、治ることを共に祈り願ってくれる隣人がいませんでした。家族からもとっくに見放されていたのでしょう。病気になって三十八年です。最初は親が面倒を見てくれたかもしれませんが、恐らく親はもういないでしょう。友人もいない。神殿から、なにがしかの食べ物、献げものの残りなどがここに配られたのでしょう。あとは物乞いをして生きていくだけです。

二つ目は「私が行く間に、ほかの人が先に降りてしまう」ということです。「水が動いたとき、真っ先に入る者は、どんな病気にかかっていても、良くなる」と信じられていたのです（後代の挿入とされる4節参照、聖書協会共同訳ではヨハネ福音書全体の末尾に付されている）。しかし、必死で入ろうとしても、自分より軽い病気の人が先に入ってしまう。彼のために同情してくれる人がいないだけではなく、最も励まし合い、慰め合いが必要な社会においてすら競争原理が支配していたのです。競争とは、トップクラスだけの問題ではありません。中くらいの生活をしている人にもそれなりの競争があり、底辺の生活を余儀なくされている人も、何とかそこから抜け出そうとして、お互いに足を引っ張り合う。自分の隣にいる人は隣人ではなく、牽制し合ってチャンスを見計らっている競争相手です。この情景は、何か私たちの社会の縮図のようです。

三つ目は、彼の言葉に直接表れていない事柄です。それは彼の絶望、あきらめです。この彼の言葉は、もともとは、主イエスの「良くなりたいか」（6節）という問いに対する答えでした。ですから、「はい、良くなりたいです」という答えが求められていたのです。しかし、彼はもはや治ることすら期待していないようです。「何回その言葉を聞いたかわかりません。しかし誰も治せる人はいませんでした」と冷ややかに心の中で思ったかもしれません。しかしそれさえ口に出さないのです。相手の機嫌を損なわないようにして、何かを恵んでもらいたかったのかもしれません。彼は、この病の状態に慣れきって、事態はそこから変わりうるということを全く期待していないということ、それが三つ目の問題です。もしかすると、それこそが一番の問題であったとも言えるでしょう。

三つの命令

しかしそのように絶望し、その状態に慣れきっているこの男の前に、突然主イエスが現れて、「起きて、床を担いで歩きなさい」と命令されました。「起きる」「(床を)担ぐ」「歩く」という三つの動詞は、絶望の中から新しい出発をする象徴的な言葉であると思います。

一つ目は「起きる（起き上がらせる）」という言葉です。元来は、「目を覚まさせる」という意味でした。「死人を復活させる」という意味でも用いられます。「この神殿を壊してみよ。三日で建て直してみせる」（2・19）の「建て直す」も同じ言葉です。絶望しきったこの男を、主イエスが立ち上がらされたということは、あたかも死人を復活させるような出来事であったのです。「良くなりたいか」という問いにまともに答えることすらできないこの男に、「起き上がれ、目覚めよ」と言われたのです。

二つ目は「床を担げ」という言葉です。この「床」というのは、これまで彼が横たわっていた場所、いわば彼を担いでいたものです。これからは反対に、お前がそれを担ぐのだと言われたのです。もうそれには頼ることはないという積極的な姿勢を示しています。

三つ目は、「歩く」ということです。歩き始める。もうその同じ場にはいない。そこから前進していくのです。

「もう罪を犯してはいけない」

その後この人は、神殿の境内でイエス・キリストに出会います。イエス・キリストは、「あなたは良くなったのだ。もう罪を犯してはいけない。さもないと、もっと悪いことが起こるかもしれない」（14節）と話しかけられました。これは表面的に読めば、彼が病気であったのは、彼の罪の結果であったと誤解されかねませんが、そうではないでしょう（ヨハネ9・3などを参照）。

ある人が、罪とは「イエス・キリストを拒むことだ」と言いました（松永希久夫『ひとり子なる神イエス』ヨルダン社、158頁）。イエス・キリストを拒むことには、一旦受け入れながら、それを再び見失ってしまう、救い主として見ることができなくなってしまうということも含まれるのでしょう。彼は、この後、自分をいやしたのはイエス・キリストという方であったということがわかったので、彼を問いつめようとしたユダヤ人たちに、そのことを知らせました。それによってユダヤ人たちは、一層イエス・キリストを敵対視するようになっていきます。ですからこの主イエスの言葉は、むしろ今後起きていくそうした事態と結びつけて考えたほうがよいと思います。主イエスに出会い、大きな御業をしていただいたにもかかわらず、再びイエス・キリストを見失ってしまう。それを罪と呼んでいるのではないでしょうか。

このことは、私たちにも通じることです。私たちはイエス・キリストと出会って立ち上がらされ、新しく歩み始めたものです。クリスチャンとはそういう存在でしょう。しかしそれはすでに確保したものとして、ずっと続くわけではありません。いつも新しくその言葉を聞き、新しく立ち上がらせていただかないと、私たちはイエス・キリストを見失ってしまうのです。主イエスの「起き上がりなさい。床を担いで歩きなさい」という言葉を、私たち自身に語られたものとして、新しく聞き、歩み出したいと思います。

21 死から命へ

5章17～30節

父なる神と一体の方

このところは、主イエスの説教とでも言える長い話ですが、イエス・キリストがどういう方であるかがよく示されています。それを三つの点から見てみましょう。

第一は、「イエス・キリストは父なる神と一体である」ということです。

「子は、父のなさることを見なければ、自分からは何もすることができない。父がなさることは何でも、子もそのとおりにする。父は子を愛して、ご自分のなさることをすべて子に示されるからである。」(19～20節。17、22、23節も参照)

このことはユダヤ人たちを驚かせ、怒らせました（18節）。ユダヤ教では、どんなにすぐれた人間であっても、父なる神との間に一線が引かれていたからです。この世に生を受けた人間が、父なる神の子である、神に等しい者であるということは考えられないし、許されることではありませんでした。しかしながら、そこにこそキリスト教のキリスト教たるゆえんがあり、キリスト教が他の宗教と違う点があるのです。

復活の主である方

第二は、「イエス・キリストは復活させられ、同時に私たちを復活させてくださる」ということです。言い換えれば、命の主です。

「また、これらのことよりも大きな業を子にお示しになって、あなたがたは驚くことになる。父が死者を復活させて命をお与えになるように、子も、自分の望む者に命を与える。」（20〜21節）

「これらのこと」とは、8〜9節の歩けなかった病人を立ち上がらせ、歩けるようにさせられたことでしょう。「起きて」（8節）には「死者を復活させ」と同じ動詞が用いられています。あの出来事は、死者の復活をも指し示していたと言えるでしょう。

「よくよく言っておく。私の言葉を聞いて、私をお遣わしになった方を信じる者は、永遠の命を得、また、裁きを受けることがなく、死から命へと移っている。」（24節）

何と力強い宣言であり、何と大きな慰めでしょう。ここでいう「死」や「命」は、肉体的な死や命を超えたものです。「命」とは、神とつながっている状態であり、逆に「死」とは、神から切り離された状態を指しています。ですから私たちが肉体的な死を経験しても、神とつながっているならば、「命」は途絶えないのです。逆に心臓や脳が働いていても、神から切り離されているならば、死んでいることになるでしょう。しかしそれは、私たちのもとに来てくださったイエス・キリストにつながることによって回復する。イエス・キリストにつながる時、私たちは死すべき存在であっても、死んだのと同じ状態であっても、再び命の中へ入れられる。死から命へと移される。それが聖書の語る真理です。

「よくよく言っておく。死んだ者が神の子の声を聞き、聞いた者が生きる時が来る。今がその時である」（25節）。この言葉は、聖書の時代を超えて、私たちに告げられたイエス・キリストの力強い約束です。

裁きの権能をもつ方

第三は、「イエス・キリストは、裁きの権能を父なる神から授かっておられる」ということです。

「また、父は裁きを行う権能を子にお与えになった。子は人の子だからである。このことで驚いてはならない。時が来ると、墓の中にいる者は皆、人の子の声を聞く。そして、善を行った者は復活して命を受けるために、悪を行った者は復活して裁きを受けるために出て来るであろう。」（27〜29節）

この言葉は、一見、「善いことをした人は天国へ行き、悪いことをした人は裁かれて地獄へ行く」という因果応報の考えを表しているように見えます。善いことと悪いことを天秤にかけて、善いことのほうが重かった人を天国へ送り、悪いことのほうが重かった人を地獄へ送る。そのようなことであれば、果たしてだれが救われるだろうかということになるでしょう。しかしそのような私たちに代わってキリストは十字架にかかって死に、私たちが受けるべき裁きをキリストがお受けくださった。それによって、逆にキリストが受けるべき「義」（神様に正しい者と認められること）を、私たちが受けた。それがキリスト教の教義の中心にあります。

ただし私たちはその桁違いに大きなキリストの恵みの御業を単純化、矮小化して、「洗礼を受けたクリスチャンは命を得て救われ、洗礼を受けていない人は裁かれて、天国へ行けない」というふうに理解してはならないでしょう。それは神様の領域であり、イエス・キリストにその権能が授けられている事柄なのです。

「私の言葉を聞いて、私をお遣わしになった方を信じる者は、永遠の命を得、また、裁きを受けることがなく、死から命へと移っている」（24節）という言葉は私たちに与えられた約束です。私たちはそう信じて生きるように促されていることも確かです。しかし私たちは、そうならずに死んでいった人も大勢知っています。そうした人々は一体どうなるのだろうと、多くの人は考えるでしょう。私は、そのような人々もイエス・キリストの良き御手の中に置かれているのだと信じるのです。イエス・キリストは、すべての人のために祈り、すべての人のために十字架にかかられた方であるからです。十字架の上で死んでいきながら、自分に敵対し、自分を十字架にかけた人々のためにまで、こう祈られました。

「父よ、彼らをお赦しください。自分が何をしているのか分からないのです。」（ルカ23・34）

これが、イエス・キリストの最後の切実な祈りでした。この祈りに、21節の「子も、自分の望む者に命を与える」という言葉を重ね合わせてみると、「自分が何をしているか分からない人も赦されて、命が与えられる」というのが、イエス・キリストの望みであることがわかります。しかも父なる神も、「誰をも裁かず、裁きをすべて子に委ねておられる」というのです。

私は、イエス・キリストの十字架上の祈りがむなしく終わるということは考えられませんし、そのイエス・キリストの十字架よりも重い罪というものを想像することもできません。そしてイエス・キリストがそのように十字架の上で広げられた両手の中に、入りきらないような滅びの世界があるということは、私には考えられないのです。イエス・キリストがそのように祈られた方であることを知っているからこそ、「子も、自分の望む者に命を与える。また、父は誰をも裁かず、裁きをすべて子に委ねておられる」という言葉の中に、私は希望と大きな慰めを見るのです。私たちの死も命も、イエス・キリストの御手の中にあるのです。

22　イエスについての証し

5章31〜47節

父なる神による証し

イエス・キリストは父なる神の子なのか。それは、大きな信仰上の問いですが、この箇所では、その一つ手前の問題、つまり何によってそう信じるのか、誰が（何が）それを証しするのかが論点となります。

第一に、それは「天の父である」と述べられます。

「もし、私が自分自身について証しをするなら、私の証しは真実ではない。私について証しする方は別におられる。そして、その方が私について証しする証しは真実であることを、私は知っている。」（31〜32節）

これは、証言は自分以外の誰かによってなされなければならないという、当時の裁判の行い方を前提にしています。「どのような過ちや罪であれ、人が犯した罪は一人の証人によって確定されることはない。……二人または三人の証人の証言によって確定されなければならない」（申命記19・15）。イエス・キリストは、ここで犯罪の立証をしようとしておられるわけではありませんが、この律法を拠り所にして話を進められます。それは、自分には二人以上（二つ以上）の証しがあるということです。

もちろん、これは当時のユダヤ人が納得するはずのないことです。彼らは、むしろその点をついてイエス・キリストを攻撃しようとしているわけですから。しかし、自分を誰であるかを証しするのは、何よりも（誰よりも）まず、父なる神ご自身であると譲らないわけです。

主イエスは、彼らがもっと目に見える人間的な証しを求めていることをご存じでした。「それなら、私にだって確かにある」と言って、洗礼者ヨハネを引き合いに出します。彼はすぐれた預言者の一人であり、イエス・キリストを指し示した人物です。ユダヤ人たちからも一目置かれていました。しかし、主イエスは、その洗礼者ヨハネを自分の証人には数えないと言われるのです。「私は人間による証しは受けない」（34節）。

主イエスは、洗礼者ヨハネの言葉を「証言」として受け入れ、その意義も十分に認めつつ、それが主イエスが父なる神の子であることの「証明」になるわけではない、それは洗礼者ヨハネが証言するかどうかを超えた次元の事柄だと言おうとされたのでしょう。

イエス自身の業による証し

しかし、父なる神は見えない存在ですから、それだけでは、証しとは言えないでしょう。ですからそれがどのような形で私たちのもとに届くのかということが、次に問題になってきます。

そこで二つ目の証しとして、ご自身の「業そのもの」をあげられました。「私が行っている業そのものが、父が私をお遣わしになったことを証ししている」(36節)。イエス・キリストのなさったことが、イエス・キリストが神の子であることを証しするというのです(マタイ11・3～5参照)。

「業」の中心には、「しるし」としての奇跡があるでしょう(ヨハネ2・11、4・54などを参照)。しかしもしそうだとしても、ただ単にこんな不思議なことができるという力の証明であるよりは、愛のしるしとして意味があると思うのです。イエス・キリストの奇跡は、愛の表れなのです。そして、イエス・キリストの生涯全体、とりわけ十字架の姿の中にこそ、その「愛のしるし」としての究極の「業」があると思います。

聖書による証し

イエスがあげられた三つ目の証しは、聖書でありました。「あなたがたは聖書の中に永遠の命があると考えて、聖書を調べているが、聖書は私について証しをするものだ」（39節）。ここで言う「聖書」とは、いわゆる「旧約聖書」のことです。旧約聖書には、イエス・キリストという名前は全く出てきません。イエス・キリストよりも前の時代に記されたものです。しかしキリスト教では、これもまたイエス・キリストについて預言し、間接的に証ししている書物として大事にするのです。

旧約聖書の中には、有名なイザヤ書53章のように、ほとんどそのままイエス・キリストのことを指し示していると思われるような言葉もあれば、それとはかけ離れた絶望に満ちた言葉、全く救いがないように思える言葉、あるいは呪いのような言葉もあります。しかしそれらの言葉でさえも、間接的に救い主を待ち望んでいることを表しており、そういう形でイエス・キリストを指し示しているのだと思います。詩編40編にはこう記されています。

その時、私は言いました。
「御覧ください。私は来ました
私のことが記された巻物の書を携えて」と。

わが神よ
私は御旨を行うことを喜びとしてきました。
あなたの律法は私の胸の内にあります。
大いなる集会で私は義を告げ知らせました。
決して唇を閉じません。（詩編40・8〜10）

この「私」は、直接的にはイエス・キリストのことではありませんが、私たちはこれを読む時に、「イエス・キリストが、この詩人の口を通して、このように語っておられる」と受けとめることができるのではないでしょうか。

「あなたがたを訴えるのは、あなたがたが頼りにしているモーセなのだ。もし、あなたがたがモーセを信じているなら、私を信じたはずだ。モーセは、私について書いたからである。」（45〜46節）

モーセとは、旧約聖書の代名詞と言ってよいでしょう。旧約聖書の律法は、モーセによって書かれたと信じられていたからです。

私たちは、この時代の人々と違い、主イエスについて直接、証しする新約聖書も持っています。

「主われを愛す」という有名な賛美歌（『讃美歌21』484番）がありますが、原歌詞は次のような意味です。

イエス様は私を愛しています
私はそれを知っています
聖書が私にそう告げているから
小さい者たちも彼につながっています
彼らは弱い
でもイエス様は強い
そう、イエス様は私を愛しておられる
聖書が私にそう告げています

この賛美歌は、聖書が私たちに何を証しし、何を告げているかを、端的に言い表しています。

23 小さなものから

6章1〜15節

食べ物についての配慮

男だけでも五千人の人に食べ物を与えられたというこの物語は、四つの福音書すべてに出てくる珍しい話です。ヨハネ福音書では、主イエスの「どこでパンを買って来て、この人たちに食べさせようか」（5節）という言葉から始まります。そして「こう言ったのはフィリポを試みるためであって、ご自分では何をしようとしているか知っておられたのである」（6節）と記されています。何かちょっと意地悪に聞こえかねない言葉ですが、ご自分は目の前にいる大勢の群衆の飢えというものを深く心に留めておられる。「果たして弟子であるお前たちはどうか」と問うておられるのではないでしょうか。

それは、現代の私たちへの問いかけ・招きでもあると思います。経済大国と言われる日本においても、飢えの中を生きている人がたくさんあります。そして日本国内における経済格差もこれまで以上に広がっています。これまで普通にサラリーマン生活をしていたのに、あっという間に職を失い、家を失い、家族も失ってしまう人も少なくありません。また多くの外国人が、日本の中で十分な食べる物もなく生活しているということを忘れてはならないでしょう。日本の外にまで目を向けるならば、それは言うまでもないことです。

フィリポは「めいめいが少しずつ食べたとしても、二百デナリオンのパンでは足りないでしょう」（7節）と言いました。一デナリオン（労働者の日給）を仮に五千円とすると百万円になります。フィリポは、ここで大きめの数字を具体的に示しながら、「先生、それはとても無理なことです」と、暗に主イエスに告げようとしているようです。

無からではなく、小さいものから

フィリポがそう答えた後、アンデレはこう言いました。「ここに大麦のパン五つと魚二匹とを持っている少年がいます。けれども、こんなに大勢の人では、それが何になりましょう」（9節）。アンデレもフィリポと同じように悲観的です。しかしアンデレは「焼け石に水」のようなものであることを知りつつ、少しでもポジティブなことを見つけようとします。ここにひとかけらの小さな信仰を見る思いがいたします。そこからイエス・キリストの大きなドラマが始まっていくのです。

恐らく主イエスは、この奇跡をゼロからでも始めることができたでしょう。神は無から有を造られたお方です。その方から地上での権威を授かったお方であるとすれば、それくらいのことができないはずはありません。ただそれを一人でやってしまうのではなく、誰かが何か小さなことでも差し出すのを待っておられたのでしょう。

主イエスは、このアンデレの言葉を聞いて、「人々を座らせなさい」（10節）と言われました。そしてそのパンを取り、感謝の祈りを唱え、それを割いて人々に分け与えられました。魚も同じようにして、祝福して分け与えられました。そうすると不思議なことに、そこにいるすべての人が満腹になったというのです。女性や子どもたちの数を入れると、一万人以上の人がいたと思われます。その人たちがみんな満腹になりました。満腹になっただけではなく、その残りを集めてみると、「十二の籠がいっぱいになった」（13節）ということでした。最初よりも増えたのです。

ここで一体何が起きたのか、よくわかりません。聖書はその現象については何も書いてないし、興味もないようです。結果だけを記しているのです。これを合理的に「実はみんなお弁当をもっていたんだ」という解釈もあります。少年が大事なお弁当を差し出したので、みんな恥ずかしくなって、次々に出し始めたのだというのです。「なるほど」と思います。そしてこの解釈は、今日の世界において大事なことを提起しています。食べ物を分かちあうことを訴えています。

しかし私はもっと素直に、主イエスがなさった奇跡として受けとめたいと思います。無から有を生み出す力をもったお方が無からではなく、小さなものを用いて大きな奇跡を起こしてくださったということに注目したいのです。アンデレを巻き込んで、そしてこの少年の好意・信仰を用いて、それを高く引き上げられたのでした。そこでなされたことは、アンデレの想像をはるかに超えたことでした。この少年の思いをもはるかに超えていました。

私たちの小さな思い、小さな行為、それはからし種一粒のようなものかもしれませんが、それが一度、イエス・キリストの手にかかるならば、大きく、大きくされるのです（マルコ４・30〜32参照）。イエス様はその最初の小さな差し出しを待っておられるのです。

少しも無駄にならないように

私たちの世界はさまざまな問題が入り組んでいます。飢えの問題にしても、私たち一人ひとりの小さな力ではどうしようもないほど大きな問題です。南北問題という大きな経済や政治の問題も複雑にからみあっています。そこに問題があるのがわかっており、何とかこのひずみを少なくしたいと願いつつも、素人ではどうすることもできないように思え、無力感に襲われます。あのアンデレと同じです。「けれども、こんなに大勢の人では、それが何になりましょう」（9節）。しかしながらその無力感の中で、せめてもの良心として差し出した小さなものを、主はお用いになり、ご自分の大きな計画の中にそれを組み込んでくださるのではないでしょうか。

主イエスは、人々が満腹した後、弟子たちに向かって、「少しも無駄にならないように、余ったパン切れを集めなさい」（12節）と言われました。不思議な言葉です。いくらでもパンを増やすことのできる力をもったお方が、あたかも貧しい人の代表であるかのように、「少しも無駄にならないように」と言われる。そこには「いっぱいあるなら少しくらい、無駄にしてもいいではないか」という思いに対する批判と、それでもパンのない人々に対する配慮が込められていると思います。

パウロは、コリントの教会の人々に向かってこう言いました。

「わたしたちはまた、神の協力者としてあなたがたに勧めます。神からいただいた恵みを無駄にしてはいけません」（二コリント6・1、新共同訳）。肝に銘じたい言葉です。

24 主を迎え入れて

6章16〜29節

出エジプト物語との関連

五つのパンと二匹の魚を用いて、五千人（以上）の人々に食べ物を与えられたという奇跡物語に続けて、ここも水の上を歩かれたというイエス・キリストの奇跡物語です。

これらの奇跡物語は、いくつかの相違点はありますが、マタイ福音書にもマルコ福音書にも出てきます。しかもどの福音書も、一連の物語として記しています（マタイ14・13〜33、マルコ6・30〜52）。マタイ、マルコ、ルカの三つは共観福音書と呼ばれ、共通する物語もたくさん出てくるのですが、ヨハネ福音書と共通する話はほとんどありません。受難物語を除いては、ここだけなのです。恐らくこの二つの奇跡物語は古くからセットとして伝えられてきたのでしょう。どうしてそうなのか。それが続けてなされたからと言えばそれまでですが、その背景には出エジプトの出来事があるのではないかと言われます。

出エジプト記には、神様が荒れ野で不思議な食べ物マナを降らせて、大勢のイスラエルの民を養われたことが記されていますが（出エジプト記16章）、この五千人の人々を不思議な奇跡で養ってくださったという話はそれを思い起こさせるものです。もう一つ、出エジプトの民が経験した大きな奇跡があります。それは、彼らがエジプト軍に追いかけられて、葦の海の前に追い詰められた時のことでした。神様はモーセを用いて葦の海を真っ二つに分け、その間を通らせられました（出エジプト記14章）。イエス・キリストが水の上を歩かれたというのは、それに通じるものです。

また、五千人の食事の奇跡がなされたのは過越祭の時でしたが（6・4参照）、過越祭というのは、神様が奴隷であったイスラエルの民を、エジプトから連れ出してくださったことを記念するお祭りでありました。

水の上を歩くイエス

さてパンの奇跡の後、弟子たちはガリラヤ湖の湖畔へ下りていき、湖の向こう岸にあるカファルナウムの町へ行こうとして、舟に乗り込みます（17節）。イエス・キリストは、山に登って祈るために、一人別行動を取っておられました。時は夕方であり、既に暗くなっていました。舟を出して、しばらく漕いで行くと、突然強い風が吹いて湖は荒れ始めました。ガリラヤ湖の天気は変わりやすいと聞いています。青空でとても美しい日でも、突然嵐がやって来て、真っ暗になるということがしばしばあるようです。彼らは、二十五～三十スタディオンほど（約五キロ）沖へ行ったところでした。

そこへ突然、イエス・キリストがすっと現れます。舟に乗って来られたわけでもなく、泳いで来られたわけでもない。不思議にも水の上を歩いて来られました。彼らはびっくりすると同時に、恐れを覚えました。そこで主イエスは、「私だ。恐れることはない」と声をかけられたので、彼らはほっとして、イエス・キリストを舟に迎えようとしたら、間もなく舟は目指す地に着いたということです。

イエス・キリストを信じる

群衆はイエス・キリストのパンの奇跡を見て、「これはすごい」と思ったのでしょう。

彼らはイエス・キリストを王にするために連れて行こうとしたというのです。普通の発想で言えば、イエス・キリストがみんなに認められてよかったとなりそうですが、主イエスはむしろそれを退けられます。そして隠れるようにして、一人退かれました（15節）。

彼らは自分たちの願いをかなえてくれる救い主、王を期待していました。ご利益信仰のようなものであったかもしれませんし、ローマ帝国の支配を打ち破ってくれるヒーローのようなメシアを期待したのかもしれません。いずれにしろ「はじめに期待ありき」なのです。主イエスは、どれだけ群衆の歓迎を受けようとも、それが本当の信仰によるものではないことを冷静に見抜いておられました。

群衆は、イエス・キリストが消えてしまったというので捜し回ります。そして舟で追いかけて、ようやくカファルナウムで発見して、こう言います。「先生、いつ、ここにお出でになったのですか」（25節）。

主イエスは、こう答えられます。「よくよく言っておく。あなたがたが私を捜しているのは、しるしを見たからではなく、パンを食べて満腹したからだ」（26節）。

彼らはパンが増える奇跡に感動しましたが、それは一時《いっとき》のことに過ぎません。主イエスは、だから「朽ちる食べ物のためではなく、いつまでもとどまって永遠の命に至る食べ物のために働きなさい」（27節）と言われました。この数時間後、長く見積もっても翌日には、またおなかが減るのです。主イエスは永遠にこのような奇跡をし続けるために来られたのではありません。この出来事はひとつのしるしであって、それが何を告げようとしているかに目を向けないと意味がないのです。

この問答はこのように続きます。「そこで彼らが、『神の業を行うためには、何をしたらよいでしょうか』と言うと、イエスは答えて言われた。『神がお遣わしになった者を信じること、それが神の業である』」（28〜29節）。

「何をしたらよいか」という問いに対して、ただ「信じる」というのは何かずれているように思えます。しかしその「ずれ」の中に大事なメッセージが含まれているのです。

「神がお遣わしになった者」とはイエス・キリストご自身だと言ってもよいでしょう。端的に言えば、「私を受け入れ、私を信じなさい」と言われたのです。それ以外のことは、そこから始まると言ってもよいかもしれません。イエス・キリストを受け入れ、迎え入れる時に、私たちの人生は変わり始めるのです。もっともそれはこちらの期待を満たしてくれる方を迎え入れるということではないでしょう。それは私たちの願いを映し出すイメージでしかありません。そういう形ではなく、神様が私たちに何を望んでおられるかを聞かなければなりません。

イエス・キリストが嵐の湖の中に突然現れた時に、弟子たちは恐れを覚えました（19節）。神様との出会い、イエス・キリストとの出会いというものが、こちら側の期待を満たすのとは違った形で起こることを示しているようです。恐れとおののきを呼び起こすのです。ところがその主イエス自身が「私だ。恐れることはない」（20節）と言ってくださることによって、私たちは安心してその方をお迎えすることができるのです。

25　世を生かす命のパン

6章30～51節

見ることと信じること

群衆は主イエスに、「それでは、私たちが見てあなたを信じることができるように、どんなしるしを行ってくださいますか。どのようなことをしてくださいますか」（30節）と問いかけ、さらに「私たちの先祖は、荒れ野でマナを食べました。『天からのパンを彼らに与えて食べさせた』と書いてあるとおりです」（31節）と付け加えました。

五千人を超える人々にパンが与えられるという大きな奇跡を経験しても、彼らは本当の信仰にはいたっていなかったのです。「もっとすごいことを見せてくれ」「もっと確かな証拠がほしい」。どんなに不思議な出来事も、イエス・キリストが「神から遣わされた者」であることを読み取るしるしになるとは限りません。見ることと見抜くことは違う、あるいは見ることと見分けることは違うということです。見てはいても見分けることができない。イエス・キリストは別のところでイザヤの言葉を引いて「あなたがたは聞くには聞くが、決して悟らず　見るには見るが、決して認めない」（マタイ13・14、イザヤ書6・9）と言われました。

私たちも、時々不思議な出来事に遭遇いたします。その時に、ある人はそれを単なる偶然と見ますが、ある人はそこに何らかの神様の働きを見ます。よい出来事があった時に、ある人は単に「ラッキー！」と喜ぶだけですが、ある人はそこに神様の恵みを覚えて感謝をします。逆に悪いことが起こった時にも、それをただ不運と見るのか、あるいはそこに神様の何かしらの警告を見るのか。「神も仏もあるものか」と思うか、あるいは「どうして神様はこのようなことをなさるのか」と深く考えるか。そこに違いが出てくるのではないでしょうか。

主イエスはこう答えられました。

「よくよく言っておく。モーセが天からのパンをあなたがたに与えたのではない。私の父が天からのまことのパンをお与えになる。神のパンは、天から降って来て、世に命を与えるものである。」（32〜33節）

これを聞いた群衆は、「主よ、そのパンをいつも私たちにください」（34節）と言いました。この言葉は、「主の祈り」の「われらの日用の糧を今日も与えたまえ」という祈りに通じるものがありますが、ここでは単純に、「そんなありがたいパンがあるのなら、ぜひほしい」と思ったのでしょう。

ヨハネ福音書には、聞き手がイエス・キリストの言葉を表面的にのみ捉えて、とんちんかんな答えをする、いわば「とんちんかん問答」がたくさん出てきます。そうした問答を重ねていく中で、イエス・キリストはより深い事柄、隠された意味について述べられるのです。ここでもそうです。彼らには実際に食べるパンのことしか頭にありませんが、主イエスはこう答えられました。「私が命のパンである。私のもとに来る者は決して飢えることがなく、私を信じる者は決して渇くことがない」（35節）。

エゴー・エイミ

「私が命のパンである」。この「私は何々である」という表現は、「エゴー・エイミ」というギリシア語ですが、ヨハネ福音書独特の大事な言葉です。「メシア的定式」とか「啓示の定式」とか言われます。英語では“I am …”というふうになりますが、これは旧約聖書の出エジプト記に出てきた神の名「私はいる、という者である」（出エジプト記3・14）に通じるものです。

ヨハネ福音書では、4章のサマリアの女との対話の中で、「あなたと話をしているこの私が、それである」（4・26）という言葉で、すでに一度「エゴー・エイミ」が出てきていましたが、今回の箇所では「命のパンである」というふうに補語を伴っています。ここからさらに六回にわたってその定式が出てきます。「私は世の光である」（8・12）、「私は（羊の）門である」（10・7、9）、「私は良い羊飼いである」（10・11、14）、「私は復活であり、命である」（11・25）、「私は道であり、真理であり、命である」（14・6）、「私はまことのぶどうの木（である）」（15・1）。

イエス・キリストはそのようにしてご自分が誰であるかを示されました。その一つ一つがイエス・キリストのさまざまな側面を言い表しています。それによって私たちはイエス・キリストが誰であるかを知るのです。

サマリアの女との対比

イエス・キリストは、この対話の中でも、一生懸命、父なる神様とご自分の関係を明らかにしようとされるのですが、なかなか伝わらず、むしろ群衆の心はだんだんと離れていきます。主イエスが「私は天から降って来たパンである」と言われるのを聞いて、彼らはつぶやき始めました（41節）。彼らの態度は、4章で出てきた「サマリアの女」と対比的です。「サマリアの女」も最初は、とんちんかんな答えをしていましたが（4・11～12、15）、話をしているうちに変わっていきます。「主よ、あなたは預言者だとお見受けします」（4・19）、「私は、キリストと呼ばれるメシアが来られることを知っています」（4・25）。それに対して、主イエスが、「あなたと話をしているこの私が、それである」と答えられたのでした。

ところが、今回の箇所では、同じように始まりながら、だんだんとイエス・キリストを拒否する方向へと行ってしまうのです。

主イエスは、「私が与えるパンは、世を生かすために与える私の肉である」（51節）、「私の父が天からのまことのパンをお与えになる。神のパンは、天から降って来て、世に命を与えるものである」（32～33節）と言われました。イエス・キリストこそ、この世界の命の源である。それによって神様はこの世界を支えられる。この世界を表面的にだけ見るならばわからないわけですが、聖書の言葉を通してそれを見抜くのです。

イエス・キリストが語られた「与える」という言葉には、「分け与える」という意味と同時に、「死に引き渡す」という意味が含まれています。イエス・キリストは、パンを分け与えるように、ご自分の命を与えられました。イエス・キリストの十字架の死、それこそが、このパンに込められたもう一つの奥深い意味なのです。

26　つまずきを乗り越えて

6章52〜71節

ヨハネ版、聖餐制定の言葉（挿入）

弟子たちの多くの者はこれを聞いて言った。「これはひどい話だ。誰が、こんなことを聞いていられようか。」（60節）

「こんなこと」というのは、素直に読めば、直前の52〜58節の言葉ということになるでしょう。ここには、いわゆる聖餐式のことが記されています。

「私の肉を食べ、私の血を飲む者は、永遠の命を得、私はその人を終わりの日に復活させる。私の肉はまことの食べ物、私の血はまことの飲み物だからである。私の肉を食べ、私の血を飲む

者は、私の内にとどまり、私もまたその人の内にとどまる。」（54〜56節）

古代ローマ帝国においてクリスチャンは迫害を受けましたが、そのひとつの理由は、「クリスチャンは人の肉を食べている」といううわさでした。それは、このような聖書の言葉を表面的に受け取ったことから来ていました。

聖餐というのは、いわゆる「最後の晩餐」（マタイ26・26〜30他）に基づいていますが、ヨハネ福音書には、実は「最後の晩餐」の記事はありません。その意味では、この箇所がヨハネ福音書版の聖餐式制定の言葉であると言えるかもしれません。

ただし多くの学者たちは、51節後半〜59節は後代の挿入であると指摘します。その根拠の第一は、ここで話が急に横道に逸れるということです。イエス・キリストが天から降って来た命のパンであるという話が、ここで突然、聖餐の話になります。

第二は文体や用語の違いです。日本語だけ見ても気づくことは、それまで「パン」と言っていたのに、ここで「肉」という言葉が使われます。それは51節の後半から始まります。「私が与えるパンは、世を生かすために与える私の肉である」。

そこでは「肉」というのは、主イエスの体のことを指していますから、もちろんよい意味で使われています。

ところが63節には、こう記されています。「命を与えるのは霊である。肉は何の役にも立たない」。こちらの「肉」というのは、この世の事柄とか、目に見える事柄とか、あるいは実際の食物とか、そういう意味です。どちらかと言えば否定的な意味あいです。文脈が違うので矛盾ではありませんが、同じ人が続けて書いたならば、こうは書かないであろうという判断です。

もちろん別の人が書いたものであるからと言って、そこに意味がないということではありません。ただここを抜いて読んだほうが、すっきりとよくわかるということです。

クリスマスと復活・昇天のつまずき

そういうふうに51節後半以下を抜いて読むならば、51節前半の「私は、天から降って来た生けるパンである。このパンを食べるならば、その人は永遠に生きる」ということが「これはひどい話だ」ということになるでしょう。

イエス・キリストが、実は天から降って来たパンであるというのは、間接的にクリスマスを指し示しています。神の子である方がこの地上にやって来られた。つまりイエス・キリストが神の子であったということです。

このことは現代の私たちにとっても、つまずきでしょう。今日でも聖書を読む多くの人は、「聖書にはよいことが書いてあるけれども、イエス・キリストが神の子だというのは受け入れられない」と言います。確かにそれは論理的なことではなく、そう宣言されて、それを受け入れるかどうかという問題です。

主イエスは、さらにこう言われます。

「あなたがたはこのことにつまずくのか。それでは、人の子が元いた所に上るのを見たら……。」（61～62節）

「……」の部分は、「もっとつまずくに違いない」というようなことでしょう。「人の子が降る」ことがクリスマスを指し示しているとすれば、「元いた所に上る」とは、復活と昇天を指し示しています。これはクリスマス以上に大きなつまずきでしょう。

論理的には、イエス・キリストが天から降って来られた神の子であるということも、あるいは復活して神のもとへ帰ったということも証明できません。ただし逆に言えば、イエス・キリストが神の子でなかったということも証明できません。証明できたように思ったとしても、それはあくまで私たちの了解している論理の中の話に過ぎないでしょう。ですからそこでは、それを証言している人々の言葉や、それを信じて生きている人々の生き様を見ながら、そこに私たちも自分の人生を賭けていくかどうかという決断が重要になってくるのです。信仰をもつということは、何か狭い枠の中に自分を押し込んで生きることだと考える人がありますが、そうではないでしょう。こちら側から見ていた世界を、別の側から見るようなものです。そこには同じだけ、あるいはそれ以上の広がりをもつ世界があるというのが、信仰を通して私たちが実感することではないでしょうか。

愚かな言葉に賭ける

パウロは、こう言っています。

「十字架の言葉は、滅びゆく者には愚かなものですが、私たち救われる者には神の力です」（一コリント1・18）。「ユダヤ人はしるしを求め、ギリシア人は知恵を探しますが、私たちは十字架につけられたキリストを宣べ伝えます。すなわち、ユダヤ人にはつまずかせるもの、異邦人には愚かなものですが、ユダヤ人であろうがギリシア人であろうが、召された者には、神の力、神の知恵であるキリストを宣べ伝えているのです。なぜなら、神の愚かさは人よりも賢く、神の弱さは人よりも強いからです」（一コリント1・22～25）。

多くの人々がイエス・キリストに失望し、あるいは憤慨して去って行った時、主イエスは弟子たちに「あなたがたも去ろうとするのか」（67節）と言われました。シモン・ペトロはこう答えます。「主よ、私たちは誰のところへ行きましょう。永遠の命の言葉を持っておられるのは、あなたです。あなたこそ神の聖者であると、私たちは信じ、また知っています」（68～69節）。

私たちはどんな者であっても、恵みのみ手の中に置かれています。しかしそのことを認識する時にはじめて、私たちの人生のあり方が変わってくるのです。

27 時は来る

7章1〜13節

ガリラヤからユダヤへ

ヨハネ福音書は、この7章から新しい部分に入ります。6章までは、イエス・キリストの活動の舞台はガリラヤ地方でした。この7章から、活動の舞台がエルサレムへと移ります。7章10節に「兄弟たちが祭りに上って行った後で、イエスご自身も、人目を避け、ひそかに上って行かれた」とありますが、ここでエルサレムに行かれた後、ガリラヤに戻られることはありませんでした。「その後、イエスはガリラヤを巡っておられた。ユダヤ人が殺そうと狙っていたので、ユダヤを巡ろうとはされなかった」（1節）。

ここで言う「ユダヤ人」とは、単に人種とか民族のことではなく、イエス・キリストを敵対視している人たち、特にユダヤの宗教的指導者です。主イエスは、エルサレムのベトザタの池のほとりで、歩けない人をいやされましたが、その後エルサレムでは目を付けられるようになっていました（５・18参照）。
「仮庵祭」（２節）というのはユダヤの三大祭の一つで収穫感謝祭でしたが、この祭りについては次回述べることにします（160頁参照）。

イエスの兄弟たちが言った。「ここをたってユダヤに行き、あなたのしている業を弟子たちにも見せてやりなさい。公に知られようとしながら、ひそかに行動するような人はいない。こういうことをしているからには、自分を世に現しなさい。」（３〜４節）

イエス・キリストに兄弟がいたことが記されています。イエス・キリストは、マリアから生まれた最初の子どもですから、彼らは弟たちということになるでしょう。彼らが「あなたがやっていることは大事なことなのだろう。それならこんな田舎でやっていないで、もっと大勢の人のいるところで堂々とやったらどうか。エルサレムへ行きなさい。もうすぐ祭りだから、絶好のチャンスではないか」と言ったのです。これはある意味ではよくわかります。

知っているつもり

しかしヨハネ福音書は「兄弟たちも、イエスを信じていなかったのである」（5節）と付け加えています。これはどういうことでしょうか。「エルサレムで試してみたらどうか。エルサレムでも通用したら本物だ」という思いもあったかもしれません。これはイエス・キリストをある程度認めつつ、深いところではわかっていなかった、神の子だとは信じていなかったということではないでしょうか。幼い頃からイエス・キリストと一緒に生活しながら、いやそれだからこそわからなかった、と言えるかもしれません。

クリスチャンホームに育った人の中に、これと似たようなことが起こります。キリスト教のことを小さい頃からよく聞かされている。聖書もそれなりに読んでいる。どんな物語があるのかも結構知っている。でも救い主としてのイエス・キリストにはまだ出会っていないのです。本人はよく知っているつもりです。それこそ兄弟のように身近に感じながら、肝心のところがわかっていないのです。牧師・伝道者であっても、そういうことがありえます。「自分は聖書のこともキリスト教のこともよく知っている」という自負心がかえって、今も生きて働いておられるイエス・キリストを見る目を鈍らせ、新たな出会いを妨げます。「もう知っている」と思っているところでは、新しいものは入ってこないのです。

私の時はまだ来ていない

主イエスはこう応えられました。「私の時はまだ来ていない。しかし、あなたがたの時はいつも備わっている」（6節）。

兄弟たちは、「今こそチャンスだ。その時だ」と思って、主イエスに「エルサレムへ行きなさい」と言うのですが、それはこの世的なレベルの話です。しかしイエス・キリストはそうした「時」とは別の基準を持っておられました。私たちが「チャンス」と思う「時」と、キリストがそう思われる「時」は違うのです。

主イエスは、ここで「私はこの祭りには上って行かない。私の時がまだ満ちていないからである」（8節）と言われましたが、実際には、その後ひそかに上って行かれます（10節）。「『行かない』なんて言っておきながらこっそり後で行く、というのは卑怯」、あるいは「気が変わるのが早い」と思われるかもしれません。しかしヨハネ福音書記者はそういう批判が起こるのを承知の上で、それをそのまま記しているのでしょう。

私は、これは矛盾というよりも、イエス・キリストは、もう一つ深いところで、私たちの時間秩序、時間感覚と違う「時」の中を生きておられたということだと思います。

つまりイエス・キリストは、兄弟たちが勧めるような意味では、つまり「自分を世に現す」ためには、エルサレムへ行かれません。まだその時ではないのです。やがてその時は来ます。それはもう一つの大事な祭り、過越祭の時でした（12・12）。そのしばらく後、主イエスは「父よ、時が来ました。あなたの子があなたの栄光を現すために、子に栄光を現してください」（17・1）と祈られることになります。神が定められる「時」は、私たちの目にはしばしば隠されています（コヘレトの言葉3・1〜11参照）。

時は備えられている

このところでもう一つ興味深く思ったのは、「私の時」と対比するように、「しかし、あなたがたの時はいつも備わっている」（6節）と付け加えられていることです。実は、ヨハネ福音書7章で用いられる「時」は、「カイロス」という特別な言葉が用いられています。これは、一般的な時間を表す「クロノス」や、他の箇所で用いられる「ホーラー」（2・4など）と違い、「ちょうどよい時」「決定的な時」というような意味をもっています。「私のカイロスはまだ来ていないが、あなたがたのカイロスはいつも備わっている」。ここには積極的なメッセージがあります。

私たちにとっての決定的な時「カイロス」は、実は私たちが気づかないだけで、いつでも目の前に迫っているのです。神様のほうはいつもその用意ができている。「それに気づきなさい」と言われているのではないでしょうか。いつもその備えをすることによってこそ、本当に大切な「時」を見失わないで生きることができるのだと思います。「今こそ、恵みの時、今こそ、救いの日」（二コリント6・2）なのです。

28 仮庵祭のイエス

7章14～24節

仮庵祭

「時に、ユダヤ人の仮庵祭が近づいていた」（2節）。仮庵祭というのは、過越祭、五旬祭と並ぶユダヤ三大祭の一つです。レビ記23章33節以下に仮庵祭について詳しく記されています。「第七の月の十五日から仮庵祭で、七日間は主のものである」（レビ記23・34）。第七の月とは、九月末から十月頃です。十五日は、太陰暦ですから満月の日です。「なお地の産物の収穫を終えた第七の月の十五日から七日間、主の祭りを祝わなければならない」（同39節）。これは、元来、ぶどうなどの果物、オリーブの収穫感謝という秋祭りでしたが、それに出エジプトの際の荒れ野の天幕生活を思い起こすという歴史的意義が加わっていきました。仮庵とは、仮小屋、つまり荒れ野で彼らが生活をした天幕、テントのことです。「（あなたがたは）七日間、仮小屋で過ごさなければならない。イスラエルで生まれた者はすべて、仮小屋で過ごしなさい。それは、私がイスラエルの人々をエジプトの地から導き出したとき、仮小屋に住まわせたことを、あなたがたの子孫が知るためである。私は主、あなたがたの神である」（レビ記23・42～43）。

自分の家の中庭や屋上に仮小屋を造ります。立派な材木を使わず、自然の枝や葉をもって造る。柳の枝やなつめやしの葉で小屋を造って、そこで足掛け八日間の生活をしたのです。それは、ただ単に昔の人の生活、苦労を思い起こすためにするのではありません。そこで神様を思い起こす。神様がそうした厳しい生活の中にあっても守り導いてくださったことを感謝するのです。一見関係のない収穫感謝ということと荒れ野の仮庵ということも、「神様に感謝」という一点においてこそ、結びつくのです。

イエス・キリストはその仮庵祭も半ばに達していた頃に、神殿の境内に上り、教え始められましたが（14節）、その教えは人々を驚かせました。「この人は、学問をしたわけでもないのに、どうして聖書をこんなによく知っているのだろう」（15節）。

主イエスご自身は、その秘密についてこう説明されます。「私の教えは、私のものではなく、私をお遣わしになった方のものである」（16節）。

割礼と全身のいやし

イエス・キリストは、人々の無理解と敵意を察しつつ、「私が一つの業を行ったというので、あなたがたは皆驚いている」(21節)と語られました。しかしこの前後を読んでみても、「一つの業」というのが何を指しているのかよくわかりません。実は、これは五章に出てくる話に基づいているのです。主イエスは、エルサレムのベトザタの池のほとりで、三十八年間病気で苦しんでいた人の病気をいやしてあげましたが、それが安息日であったのです。そのことを取り上げて、ユダヤ人たちはイエス・キリストを非難していました(5・16参照)。

主イエスは、それを知っておられて、割礼の話を持ち出されました。

「しかし、モーセはあなたがたに割礼を命じた……。だから、あなたがたは安息日にも人に割礼を施している。」(22節)

これはレビ記12章2〜3節に基づいています。「イスラエルの人々に告げなさい。女が身ごもって、男児を産む場合、……八日目には、その子の包皮に割礼が施される」。

生まれた日が安息日であれば、八日目も安息日になります。ユダヤ人たちは、安息日であっても八日目に割礼を施すことは、きちんと守らなければならないと考えました。彼らは安息日にも、大きな仕事をしていたわけです。たまたま出血が止まらなかったりしたら、お医者さんも呼んだことでしょう。いずれにしろ安息日律法よりも優先する事柄を設けていたのです。主イエスはそのことを前提にしながら、こう語られます。

「モーセの律法を破らないようにと、人は安息日であっても割礼を受けるのに、私が安息日に人の全身を治してやったからといって腹を立てるのか。」（23節）

これはおもしろい説明であり、説得力のある論理です。割礼というのは、男性器の先の皮を切るわけです。それは体全体から見れば、ごく一部のことです。小さな器官に関わる事柄で、安息日律法の規定違反をすることが認められているのであれば、体全体をいやすというもっと大事なことが、どうして認められないのか。そう問われたのです。

うわべよりも愛

細かいことにこだわって、もっと大事なことがおろそかになってしまう。規則、原則を貫こうとするあまり、本質的なことから逸《そ》れていってしまう。筋道を優先しようと思って、神様の御心と反対の方向へ行ってしまう。

これは今日の世界を見る時にも、とても大事なことです。同じ聖書を読み、同じ神様を信じ、同じクリスチャンであるはずの人間が、一方は戦争に突き進んで行くことを肯定し、一方は反対をする。一体どちらが神様の御心なのか。字面だけを追えば、両方ともその根拠となるように見える聖書の箇所を引用する。私たちは、本当の神様の御心はどこにあるのかを見抜くアンテナをもたなければならないと思います。その一つの指針は、「うわべ」よりも「心」ということでしょう。

「うわべで裁くのをやめ、正しい裁きをしなさい」(24節)。これは、そこに「愛」があるかどうかということであるように思います。イエス・キリストは字面を重んじることで、主客転倒が起こる可能性を指摘されたのです。そうしたことを考えると、次の言葉もよくわかる気がいたします。

「この方の御心を行おうとする者は、私の教えが神から出たものか、私が勝手に話しているのか、分かるはずである。自分勝手に話す者は、自分の栄光を求める。しかし、自分をお遣わしになった方の栄光を求める者は真実な人であり、その人には不正がない。」(17〜18節)

自分の栄光を求めるか、神様の栄光を求めるか。一見、神様に栄光を帰しているように見えながら、巧みに自分自身の栄光、あるいは自分の国の栄光を求めているということが、しばしばあるのではないでしょうか。私たちも主イエスが、字面ではなく本質、うわべではなく愛に基づいて行動なさったことを学びたいと思います。

29　問いかけてくる存在

7章25～36節

さまざまな登場人物

7章には、さまざまな人々が登場いたします。最初に出てきたのは、主イエスの兄弟たちでした。その次に群衆が出てきます。それから「ユダヤ人たち」とも記されていますが、ファリサイ派の人々や祭司長たちなど、宗教的指導者たちが現れます。彼らの下で働く下役たちも出てきます。これらの人々がイエス・キリストに対してさまざまな反応をしているのは、興味深いことです。

エルサレムの人々の中には次のように言う者がいた。「これは、人々が殺そうと狙っている者ではないか。あんなに公然と話しているのに、何も言われない。議員たちは、この人がメシアだということを、まさか本当に認めたのではなかろうか。しかし、私たちは、この人がどこの出身

かを知っている。だが、メシアが来られるとき、それが、どこからか知っている者は一人もいない。」（25～27節）

ここでは、イエス・キリストについての客観的な情報と、イエス・キリスト自身の口から出た言葉あるいは内側から感じられる権威というものが、食い違っています。それが錯綜し、人を混乱させます（40～43節）。

客観的な情報というのは、「この男はガリラヤのナザレの出身で、大工ヨセフの息子だ」ということ、つまり「この男は素性が知れている。大したことはない」ということです。一方で「メシアが来られるとき、それが、どこからか知っている者は一人もいない」（27節）ということがありました。そこからすれば、三段論法で「それゆえにこの男はメシアではない」ということになります。

イエス・キリストの言葉、存在は、それに触れる人に、「イエス」と言うか、「ノー」と言うか、どちらかを迫られるのです。判断が分かれ、時に対立を生じさせます。「群衆の中にはイエスを信じる者が大勢いて、『メシアが来られても、この人よりも多くのしるしをなさるだろうか』と言った」（31節）。このことは、実は前からすでに始まっていました（12節）。

宗教的指導者たちは、彼に対して否定的な反応をしました。自分の権威が脅かされ、否定されるという思いをもったのでしょう。あるいは「もしもこの男が正しいのであれば、我々は一体何をやっているのか、ということになってしまう」と躍起になって否定したのかもしれません。それをすりかえて「神が冒瀆されている」と、イエス・キリストを非難したのです。もっともみんながみんなそうであったわけではありません（50～51節参照）。

上司の命令に従わない下役

おもしろいのは、下役たちの反応です。彼らは祭司長たちとファリサイ派の人々に雇われています。彼らは上司の命令どおり動かなければなりません。自分の考えをはさんではいけないのです。この時は、「イエスを捕まえて来い」と言われたのです（32節）。

ところが、彼らはイエス・キリストを捕まえず、手ぶらで帰ってきてしまいます。彼らはイエス・キリストを見つけられなかったわけではありません。イエス・キリストは公然と話していました（26節参照）。祭司長たちやファリサイ派の人々は、彼らを問い詰めます。「どうして、あの男を連れて来なかったのか」（45節）。下役たちは言い訳をしません。「いやどうしても見つけられませんでした」とか「すんでのところで逃げられました」とか言わないのです。そうではなく、こう答えました。「今まで、あの人のように話した人はいません」（46節）。

彼らはその後、罰せられたかもしれませんし、もしかしたら解雇されたかもしれません。しかしそういうことよりも、彼らは自分で正しいと思うことによって判断をしたのです。上官の命令に聴き従うよりは、良心の声に聴き従ったのです。

下役たちに対して、ファリサイ派の人々は「お前たちまでも惑わされたのか。議員やファリサイ派の人々の中に、あの男を信じた者がいるだろうか」（47〜48節）と言います。きちんとした教育を受けた人間であれば、あんな男に惑わされるはずがないではないか、ということでしょう。

しかし、イエス・キリストという存在は、内側から、ある権威を伴って本物であるということを訴えかけてきて、私たちはそこで、どちらに自分を賭けるべきかが問われるのです。イエス・キリストは、「この人は一体誰なのか」という問いを投げかけるのです。

どこから、そしてどこへ

それではイエス・キリスト自身は、ご自分のことを何と言われたのでしょうか。

「あなたがたは私を知っており、どこの出身かも知っている。私は勝手に来たのではない。私をお遣わしになった方は真実であるが、あなたがたはその方を知らない。私はその方を知ってい

る。私はその方のもとから来た者であり、その方が私をお遣わしになったのである。」（28～29節）

「エルサレムの人々」は、イエス・キリストのルーツについて、「どこの出身かを知っている」と言いましたが、それは単にこの地上でのことでした。イエス・キリストは、「それはそうだ」と肯定しながら、もっと根源的な話をされたのでした。それは「（父なる）神のもとから遣わされた」ということでした。

地上でのルーツということで言えば、この後で「メシアがガリラヤなどから出るだろうか。メシアはダビデの子孫で、ダビデのいた村ベツレヘムから出ると、聖書に書いてあるではないか」（41～42節）という言葉も出てきます。イエス・キリストが、親の出身地、あるいは「育ち」から言えば、ナザレ出身であるけれども、「生まれ」から言えば、ベツレヘム出身であったことを知らなかったのでしょう。また「ベツレヘムから出る」というのは、ミカ書5章1節に基づいていますが、ミカ書でも「その出自は古く、とこしえの昔に遡る」と記しているのは、興味深いことです（コロサイ1・15～17も参照）。

イエス・キリストは、「自分がどこから来たのか」についてだけではなく、「どこへ行くのか」についても、語られました。

「今しばらく、私はあなたがたと共にいる。それから、私を遣わした方のもとへ帰る」（33節）。（父なる）神のもとから来て、（父なる）神のもとへ帰っていかれたお方、イエス・キリスト。そのお方は、今日も私たちに問いを投げかけ、迫ってこられるのです。

30　生ける水の流れ

7章37〜52節

聖書に書いてあるとおり

「渇いている人は誰でも、私のもとに来て飲みなさい。」（37節）

この言葉が語られたのは、仮庵祭という祭りのクライマックスの時でした。みんなが喜びに浮かれて、大騒ぎをしている時です。しかしそうした時にこそ、さめた人は、逆にそれに乗れない自分を強く意識するのではないでしょうか。深い魂の渇きがある時には、「自分の渇きは、こんな一時的な騒ぎでは決していやされない。この祭りはやがて過ぎ去ってしまう。そうすれば私の渇きはまた始まる」と思うでしょう。イエス・キリストは、そのことをよく知っておられたからこそ、こう語られたのでしょう。

「私を信じる者は、聖書が語ったとおり、その人の内から生ける水が川となって流れ出るようになる。」（38節）

「聖書が語ったとおり……」とありますが、一体旧約聖書のどの言葉を指しているのでしょうか。イザヤ書58章11節やゼカリヤ書14章8節などを思い起こすことができますが、ここではより具体的な記述があるエゼキエル書47章を見てみましょう。

エゼキエルは、天使によって理想のエルサレム神殿の幻を見せられます。神殿の下からこんこんと水が湧き出て、その水が神殿の東西南北、四方八方に広がっていき、水かさも増していきました。最初、その距離を測ると、一千アンマありました（一アンマは、指先からひじまでの長さ。それを四十五センチメートルとすると、一千アンマは四百五十メートル）。その時、水かさはエゼキエルのくるぶしまで来ていました（エゼキエル書47・3）。やがて水は腰にまで達し（同4節）、その後、もはや泳がなければ渡ることのできない高さとなり、ひとつの川になります（同5節）。川岸にはたくさんの木が生えてきました。天使はこう言いました。

「これらの水は、東の地域に流れ出てアラバに下り、海、すなわち、汚れた水の海に入る。するとその水は癒やされる。川が流れて行く所はどこでも、そこに群がるすべての生き物は生き、魚が非常に多くなる、この水が入ると、そこの水が癒やされ、この川が流れる所では、すべてのものが生きるからである。」（同8〜9節）

まさに命の水です。最後にこう記されます。

「川のほとり、その両岸には、あらゆる果樹が成長し、その葉は枯れず、絶えず月ごとに新しい実をつける。水が聖所から流れ出ているからである。実は食用となり、葉は薬用となる。」（同12節）

エデンの園の回復

この幻（ヴィジョン）は、ただ単にエルサレム神殿の回復ということに留まらず、エデンの園の回復を示しているようです（創世記2・9〜10参照）。さらにエゼキエル書47章の預言を受けて、その成就を示しているのが、ヨハネの黙示録でしょう。

天使はまた、神と小羊の玉座から流れ出て、水晶のように光り輝く命の水の川を私に見せた。川は、都の大通りの中央を流れ、その両岸には命の木があって、年に十二回実を結び、毎月実を実らせる。その木の葉は諸国の民の病を癒やす。もはや、呪われるべきものは何一つない。

（黙示録22・1～3）

非常に壮大な幻です。イエス・キリストは、「聖書が語ったとおり」とおっしゃった時、そのような幻を心に描いておられたのではないでしょうか。そしてそれは、まさにイエス・キリストによって実現するのだということができるでしょう。イエス・キリストこそがまことの神殿であったからです（ヨハネ2・21参照）。

イエスは、ご自分を信じた人々が受けようとしている霊について言われたのである。（39節）

旧約聖書においても、水はしばしば霊の象徴とみなされていました。創世記の天地創造の記事に、「闇が深淵の面にあり、神の霊が水の面を動いていた」（創世記1・2）という言葉がありますが、その水の動きは霊の動きと考えられたのでしょう。

ちなみに水に用いられる「注ぐ」という動詞は、同じように霊にも用いられました（ヨエル書3・1など）。ちょうど水が染み入ってくるように、神様の霊もどんなところにでも入っていく。そしてその霊を受けた人は満たされるのです。いくら飲んでもまた渇く水ではなく、命の水です（ヨハネ4・14参照）。

イエス・キリストは、「すべて重荷を負って苦労している者は、私のもとに来なさい。あなたがたを休ませてあげよう」（マタイ11・28）と言われました。この方のもとにこそ、命の水があるのです。

ニコデモ再登場

さて、そこにニコデモという一人の議員が登場します。彼はこう言いました。
「我々の律法によれば、まず本人から事情を聞き、何をしたかを確かめたうえでなければ、判決を下してはならないことになっているではないか。」（51節）
イエス・キリストを信じるのは無学な群衆ばかりかと思っていた祭司長たちやファリサイ派の人々

（48節）は少しあせったことでしょう。最高の教育を受け、律法もよく知っている議員が、理路整然と反論したからです。

実は、これにぴったりくる律法は旧約聖書に見当たらないのですが、律法を持ち出すまでもなく、ニコデモは今日でも通用する当然のことを述べたと言えるでしょう。

彼らは、ニコデモにこう言いました。「あなたもガリラヤ出身なのか。よく調べてみなさい。ガリラヤからは預言者が出ないことが分かる」（52節）。ここでニコデモは再び黙ってしまいます。ニコデモという人の微妙な心が表れているように、私は思いました。彼は、かつてイエス・キリストを訪ねたことがありました（3・1～2）。「もしかすると、この人こそメシアではないか」と、直感的に察知したのかもしれません。しかし彼は人目を避けて、夜にこっそりと訪ねるのです。このところでも、何かしら中途半端な印象を残したまま、この物語は閉じます。しかし彼はやがて、「イエス・キリストの遺体を引き取りたい」とピラトに願い出ることになります（19・39参照）。「イエスの時はまだ来ていなかった」（30節）と記されていますが、ニコデモの時もまだ満ちていなかったのです。神様はこのニコデモを、時間をかけて育て、整えておられたのだと私は思います。

31 真の裁き主《ぬし》による赦し

7章53節〜8章11節

罠が仕掛けられていた

朝早く、主イエスはエルサレム神殿の境内で、腰を下ろして大勢の民衆に教えを語っておられました。そこへ律法学者たちやファリサイ派の人々が、一人の女性を連れて来て、主イエスに向かってこう言いました。「先生、この女は姦淫をしているときに捕まりました。こういう女は石で打ち殺せと、モーセは律法の中で命じています。ところで、あなたはどうお考えになりますか」(4〜5節)。彼らは、イエス・キリストの判断を仰ぐために尋ねたわけではありません。「イエスを試して、訴える口実を得る」(6節)ための一種の罠であったのです。

ここで、もしもイエス・キリストが「その女を赦してやりなさい」とおっしゃれば、「律法を無視するのか」ということになります。「そんな女は石で打ち殺せ」とおっしゃれば、民衆の心が主イエスから離れていくでしょう。どちらになっても、彼らには都合がよかったのです。

「こういう女は石で打ち殺せ」とありますが、実はこれにぴったりのモーセの律法というのは、旧約聖書にはありません。一番近いのは、「人が他の人の妻と姦淫するなら、すなわち隣人の妻と姦淫するなら、姦淫した男も女も必ず死ななければならない」（レビ記20・10）という言葉でしょう。「モーセの律法」という形で広げられたものがユダヤ人の間に伝えられていましたので、その中に「石打ちの刑」というのがあったのかもしれません。

このレビ記の言葉で印象深いのは、姦淫は、男女が同等に罰せられることが明記されている点です。ところが実際には、姦淫という時には、女性だけが裁かれることが多かったようです。日本でも戦前には姦通罪というのがあったそうですが、それは女性にだけ適用されたと聞いています。そうした男女差別がここにも入り込んでいるのです。

沈黙のメッセージ

彼らは主イエスの答えを待っていますが、主イエスはすぐにお答えにはならず、座ったまま地面に指で何か書き始められました。ちなみにイエス・キリストが何か書かれたということが聖書に出てくるのは、ここだけです。イエス・キリストは一体何を書いておられたのでしょうか。あるいは何語で書いておられたのでしょうか。興味深いところですが、それも書いてありません。

昔から、聖書の一節を書いておられたのではないか、と言われてきました。この直前の7章37～38節を裏返したような言葉として、次の言葉を思い浮かべる人もあります。

あなたを捨てる者は皆、恥じ入り
あなたから離れる者は地の中にその名が記される。
命の水の泉である主を捨てたからだ。（エレミヤ書17・13）

何を書いておられたかということよりも、沈黙そのものに意味があるとも言えるでしょう。「姦淫の現場を押さえたというのであれば、どうして女だけを連れてきたのか。そこに男もいたはずではないか。男のほうは、一体どこにいるのか。モーセの律法に従うというのであれば、男と女が同等に裁かれるべきではないか」という抗議を感じるのは、私だけでしょうか。

主イエスが十字架にかかられる前、ピラトの裁判を受けられた時も、主イエスは沈黙しておられました（マタイ27・12～14）。沈黙には沈黙のメッセージがあるのです。

他人《ひと》の罪、自分の罪

主イエスは、とうとう身を起こしてこう言われました。「あなたがたの中で罪を犯したことのない者が、まず、この女に石を投げなさい」（7節）。

これは、誰も予期していなかった言葉でした。きっと小さな静かな声であったでしょう。しかしそこには聞く人に有無を言わせぬほどの迫力、本物の迫力がありました。誰もこの言葉に対して反論できません。イエス・キリストは、再び腰を下ろして、また地面に何か書き始められました。沈黙が続きます。その間に人々はだんだんと手を下ろし、一人去り、二人去りして、最後には誰もいなくなってしまいました。

私たちは他人の欠点、罪、過ちというのはよく見えても、自分自身のことはなかなか見えないものです。見えないにもかかわらず、見えていると思い込んでいる。自分の罪は棚上げにして、他人を責めて、他人の罪を裁こうとする。ところが一番の問題は、自分自身の中にあるのではないか。そういう問いかけです。よく言われるように、私たちが誰かを指差して「お前が、お前が」という時には、あとの三本の指は自分自身を指しているのです。イエス・キリストのなさったことは、それに通じるものでしょう。

イエス・キリストの言葉は、「あなたにはその資格があるのか」と問いつつ、「本当に彼女を裁くことができるものは誰か」を指し示しています。彼らの中にその資格のある人は誰もいませんでした。主イエスが「女よ、あの人たちはどこにいるのか。誰もあなたを罪に定めなかったのか」（10節）と問いかけると、彼女は「主よ、誰も」と答えました。そして主イエスは告げられました。「私もあなたを罪に定めない。行きなさい。これからは、もう罪を犯してはいけない」（11節）。

罪を裁くことのできる唯一の方がここにおられます。イエス・キリストは、この女性の罪を決してもみ消しにされたわけではありません。また律法を否定したり、無視したりされたのでもありません。律法は律法として、神様の意志は意志として、罪は罪として、厳然と存在する。罪の赦しということと、罪の是認ということは違うのです。

「私もあなたを罪に定めない」というのは、実は「その裁きは、私が引き受ける」ということなのです。徹底的に罪が裁かれて、その中から赦しの宣告がなされるのです。

この罪の赦しの言葉が語られる時、その罪に対して、確かに血が流れている。ところが不思議なことに、それが彼女の身の上にではなく、ここで身を起こして立ったイエス・キリストの上に起こる。イエス・キリストの十字架の上で血は流されるのです。この時には、イエス・キリストはまだ十字架におかかりになっていません。しかしすでに十字架を見据えておられたのであろうと思います。「私もあなたを罪に定めない」という言葉には、それだけの重みがあるのです。

32　命の光、掲げて

8章12～20節

大きな火がたかれた場所で

この箇所は、直接的には7章の終わりから続くものです。それは出エジプトを記念する仮庵祭の時の話でしたが、仮庵祭の初日には、エルサレム神殿の中庭の「女性の庭」と呼ばれるところに、四つのたいまつを置いて火を灯したそうです。そこで火がたかれると、エルサレム中が照らされました。エルサレム神殿は標高八百メートルの高台にありましたので、エルサレムの遠いところからでもその火を見ることができたそうです（『ユダヤ古典叢書　ミシュナII　モエード』長窪専三、石川耕一郎訳、教文館、296頁参照）。

この火をたくという行事も、やはり出エジプトの旅の以下の出来事と関係があります。

主は彼らの先を歩まれ、昼も夜も歩めるよう、昼は雲の柱によって彼らを導き、夜は火の柱によって彼らを照らされた。昼は雲の柱、夜は火の柱が民の前を離れることはなかった。
（出エジプト記13・21〜22）

イエス・キリストは、そこで次のように語られました。

「私は世の光である。私に従う者は闇の中を歩まず、命の光を持つ。」（12節）

それは、かつて彼らの先祖を、神様が昼も夜も迷うことのないように導いてくださったことを覚える場所でした。その祭りのその場所で、イエス・キリストは「私は世の光である」と語られたのです。この話を聞いていた人々の中には、赤々と燃えている火を見ながら、「そうであったのか。今わかった」と思った人々もいたでしょう。

しかしみんながそう思ったわけではありません。ファリサイ派の人々は、こう言いました。「あなたは自分について証しをしている。その証しは真実ではない」（13節）。かちんときて、「自分を何様だと思っているのか」と思った人々もいたのです。

「自分で言っているだけならば、信用できない。他に誰か証人がいるか」ということです。今日のあやしいカルト宗教の教祖も、「自分こそ救い主だ」と言います。「キリストの再来だ」と言う者もあります。それをそのまま信用したら、とんでもないことになるでしょう。ですからファリサイ派の人々の批判は一般論としては当たっていると思います。主イエスは彼らの要求に対して、洗礼者ヨハネなどの証人を出そうと思えば、できたでしょう（ヨハネ5・33～35参照）。

しかしイエス・キリストは、それを十分承知しながら、あえて別の次元のことを言っておられるのではないでしょうか。

突き放した言葉

主イエスは、ファリサイ派の人々の批判に対して、次のように答えられました。

「たとえ私が自分について証しをするとしても、その証しは真実である。自分がどこから来たのか、そしてどこへ行くのか、私は知っているからだ。しかし、あなたがたは、私がどこから来てどこへ行くのか、知らない。」（14節）

このイエス・キリストの言葉は、ファリサイ派の人々を突っぱねたような言葉です。

また「私は自分について証しをしており、私をお遣わしになった父も私について証しをしてくださる」（18節）とも言われます。もしも二人の証人が必要だと言うなら、私と父なる神で合計二人になるということでしょう。

私は、このイエス・キリストの言葉が彼らの質問、あるいは論理に合致しているかどうかということは、あまり意味がないように思います。これは答えと言うより、「宣言」として聞いたほうがよいでしょう。彼らにしてみれば、イエス・キリストの言葉は何の答えにもなっていませんでした。彼らは、この言葉を聞いた瞬間、怒る前に、皮肉ってあざ笑いながら、「あなたの父はどこにいるのか」（19節）と言いました。この世での父親のことを指して言ったのでしょう。「あの男の父親は誰かわからない」とささやかれていたのかもしれません。あるいは「父なる神」のことだとしても、「証人というならば連れてきてみろ」ということかもしれません。

主イエスは、こう答えます。

「あなたがたは、私も私の父も知らない。もし、私を知っているなら、私の父をも知っているはずだ。」（19節）

彼らは、自分たちこそ、神の意思をこの世で代行しているのだと自負していましたので、主イエスの答えは、むしろ彼らの怒りの火に油を注ぎました。しかし彼らはイエス・キリストを捕らえることができません。「イエスの時がまだ来ていなかったから」（20節）です。

世を照らす光、裁く光

さてファリサイ派の人々の質問は、非常に浅薄なものですが、それを用いながら、イエス・キリストは、ご自分が誰であるかを、語られました。それは時代を超えて、私たちにも響いてきます。

「世の光」の最も大事な側面は、やはり「世を照らす光」ということでしょう（1・4～5参照）。「まことの光があった。その光は世に来て、すべての人を照らす」（1・9）のです。イエス・キリストこそ、この世を照らす光、道しるべです。かつてイスラエルの民は、荒れ野で迷うことがないように、火の柱という光が与えられました。「こちらが進むべき道だ」、彼らはそれに従って行ったわけです。それと同じように、あるいはもっと確かな仕方で、イエス・キリストは光として私たちの行く道を照らしてくださるのです。

「世の光」は、「世を照らす光」であると同時に、「世を裁く光」でもあります。私たちは、光を求めると同時に、光を恐れます。光は私たちの暗い部分、罪の部分や汚れた部分、闇の部分をも、否応なく照らし出すものであるからです。光は裁きを伴っているのです。

8章の最初には「姦淫の女とイエス」と題される話がありますが、この話こそまさに、イエス・キリストが裁きと救いを同時にもたらす光であったということを示しているのではないでしょうか。イエス・キリストの「あなたがたの中で罪を犯したことのない者が、まず、この女に石を投げなさい」（7節）という言葉は、彼らの内面の暗い部分を、明るみに出す裁きの力をもっていました。しかし最後にこの女に対して語られた「私もあなたを罪に定めない。行きなさい。これからは、もう罪を犯してはいけない」（11節）という言葉は、イエス・キリストが、裁きとしての光で終わらず、その向こうに道が開けていることを示す光であったことを示しています。

33 「私はある」という方

8章21〜30節

聖書の言う「死」と「いのち」

この箇所で、まず私の目に飛び込んできたのは、21節の「あなたがたは自分の罪のうちに死ぬことになる」という言葉でした。この言葉は24節でさらに二回繰り返されています。何か私たちを不安にさせる言葉ではないでしょうか。しかし聖書が突きつけている厳しい現実を、私たちは心に留めなければならないでしょう。パウロも、同じように「罪の支払う報酬は死です」（ローマ6・23）と言っています。

聖書が言う「死」というのは、必ずしも肉体的な死ということではありません。もちろん無関係でもありませんが、もっと根源的な死です。それを理解するには、「死」と反対の「いのち」あるいは「生きている」ということについて考えるのがよいでしょう。聖書が「生きている」というのは、神様とつながっている状態のことです。「私を信じる者は、死んでも生きる。生きていて私を信じる者は誰も、決して死ぬことはない」（ヨハネ11・25〜26）という有名な言葉も、「生きる」とは神様とつながっていること、「死ぬ」とは神様から切り離されていることと考えれば、理解できるのではないでしょうか。

下に属する、上に属する

イエスは言われた。「あなたがたは下から出た者だが、私は上から来た者である。あなたがたはこの世の者であるが、私はこの世の者ではない。」（23節）

この言葉を理解するには、その前の言葉から見たほうがよいでしょう。主イエスが「私は去って行く。あなたがたは私を捜すだろう。だが……私の行く所に、あなたがたは来ることができない」と言われたことに対して、その場にいたユダヤ人たちは「自殺でもするつもりなのだろうか」と言いました。この箇所は、自殺した者は陰府の国に下って、永遠にそこから出ることはできないという理解を前提にしているようです（『新共同訳　新約聖書注解Ⅰ』、日本キリスト教団出版局、460頁参照）。「確かに、自殺をするのであれば、私たちはいくらお前を捜しても捜すことはできない。この世のどこを捜しても見つからないし、ましてや遠い陰府へ行ってしまうのだから」ということなのでしょう。ここでは自殺した者が行く陰府はこの世の「下に属する」ということが前提になっています。そして彼ら自身は、普通の人間よりも「上に属している」「神に属している」と信じていました。

そうした彼らの皮肉か嘲笑のような言葉を逆手にとって、主イエスは「いや、あなたたちは下のものに属しているが、私は上のものに属している。あなたたちはこの世に属しているが、私はこの世に属していない」と言おうとされたのでした。誰もイエス・キリストのところへ行くことができないのは、彼が下に属するようになる（陰府に下る）からではなく、上に属する方であり、この世に属するのではないからだということです。

ところが彼らはそうではない。だから「あなたがたは自分の罪のうちに死ぬことになる」と言われたのです。ですから、これをひっくり返せば、「上に属する方」、イエス・キリストに連なることによって、道が開けてくるということです。確かに私たちはこの世の中を歩み、下に属するものでありながら、同時に上に属することを許されるのです。そして聖書は、確かに私たちがそういう者であることを語り続けています。

パウロはそのことを別の言葉で、「私たちの国籍は天にあります」（フィリピ3・20）と言いました。私たちは、今はこの地上を生きているけれども、それはいわば外国人として寄留しているようなものだ。本当の国籍は天の国にあり、私たちは天国の市民権をもっているのだということです。

モーセに告げられた神の名

さて24節後半の「あなたがたは自分の罪のうちに死ぬことになる」という言葉には、ある条件が付けられています。『『私はある』ということを信じないならば」。ここにも救いへの道が間接的に示されています。この文章をひっくり返して読めば、『『私はある』ということを信じることの中に、自分の罪のうちに死なない道がある」ということになるでしょう。

この「私はある」という言葉は、ヨハネ福音書に何度も出てくる「エゴー・エイミ」というギリシア語です。そのまま英語に訳せば、"I am"という言葉です。ただし他のところでは、「私は世の光である」（8・12）、「私は復活であり、命である」（11・25）というように、さまざまな補語がついています。ところがここでは「エゴー・エイミ」（I am）だけです。以前の口語訳では、言葉を補って「わたしがそういう者であることをあなたがたが信じなければ」と訳していましたが、聖書協会共同訳も新共同訳もそうした補いをしていません。「私はある」「私は存在する」ということです。この言葉は、旧約聖書の伝統を背景にした言葉です。

出エジプト記の3章に、これに通じる「私はいる」という言葉が出てきます。神様がモーセを出エジプトの指導者として立てる場面です。モーセはイスラエルの人々のところへ行った時に直面する問題を予期して「彼らは、『その（神の）名は何か』と私に問うでしょう。私は何と彼らに言いましょう」（出エジプト記3・13）と食い下がりました。神様はモーセに答えられました。「私はいる、というものである」（同14節）。これが、神様ご自身がモーセに明かされた神様の名前でした。この言葉は、「存在の根源である」とか、「いつの時代もある」とか、いろいろな意味があります。ヤハウェという名前もそこに由来すると言われます。

神様自身がモーセにあらわされた「私はいる（ある）」という名前を、イエス・キリストがご自分のこととして語られたと言うことができるでしょう。私たちが生きている世界は、「神様は果たしておられるのだろうか」と問わざるを得ないような世界です。そう感じる出来事が次から次へと起こります。本当の支配者はおられないのではないか。いや別のもっと恐ろしい何かしら悪い支配者がいるのかもしれない、とさえ思う時があります。そうした中で、イエス・キリストが「私はある」と宣言してくださる。この宣言の中に、大きな励ましと慰めがあるのではないでしょうか。

34　自由をもたらす方

8章31〜38節

国立国会図書館の理念

「真理はあなたがたを自由にする」（32節）。この言葉は、ヨハネ福音書の中でも有名な言葉の一つでしょう。国立国会図書館には「真理がわれらを自由にする」という言葉が刻まれています。国会図書館のホームページによれば、この言葉は「国立国会図書館設立の基本理念」といえるもので、国立国会図書館法の起草にかかわった羽仁五郎という人がドイツ留学中にフライブルク大学の図書館で見た銘文からとられました。ただし、聖書では、「あなたがたを」となっているのに、こちらは「われらを」となっています。もっとも国会図書館には、日本語と一緒に新約聖書のギリシア語も記されていて、ギリシア語のほうはどういうわけか聖書どおり「あなたがた」となっています。

この違いに注目してみると、聖書のほうは、あくまでイエス・キリストの言葉として書かれていて、人格的存在であるイエス・キリストが、私たちに向かって、「あなたがた」と呼びかけるのです。それを「われら」と言い換えてしまう時に、私たちに向かって呼びかける方の存在がぼやけてしまうように思います。

またそれによって、「真理」という言葉が意味する内容まで変わってくるのではないでしょうか。国立の図書館がいう「真理」が宗教的な事柄であっては困るので、わざと「われら」にしたのかもしれません。

真理とは何か

この言葉の前後をもう一度読んでみましょう。「私の言葉にとどまるならば、あなたがたは本当に私の弟子である。あなたがたは真理を知り、真理はあなたがたを自由にする」（31～32節）。

イエス・キリストの弟子になる時に、私たちは真理を知るようになるのだと告げられ、キリストの弟子として真理を知るようになれば、その真理が私たちを自由にしてくれる、というのです。それが本来の意味です。

では「真理」とは一体何でしょうか。それは、私たち人間の究極の問いです。だからそれに到達することと自由になることが深く結びついているのです。「真理とは何か」という問いは、実はイエス・

キリストの裁判で、ポンティオ・ピラトも口にいたしました。イエス・キリストが「私は、真理について証しをするために生まれ、そのために世に来た。真理から出た者は皆、私の声を聞く」(18・37)と語られた時に、ピラトは「真理とは何か」(同38節)と問いました。これはイエス・キリストをあざ笑ったような言葉です。しかしこの問いは、歴史を貫いて、私たち人間がずっともち続けている問いです。

聖書は、この問いに何と答えているのでしょうか。イエス・キリストは、「私は道であり、真理であり、命である」(14・6)と告げられました。「あなたたちは真理とは何かと探し求めているが、このイエス・キリストのもとにこそ真理がある」と聖書は語るのです。

このことから、私はボンヘッファーが「神は愛である」という言葉について述べていることを思い起こしました。ボンヘッファーは、こう述べます。「この命題は、先《ま》ず明らかに理解するために、神という言葉にアクセントを置いて読まれなければならない。われわれは普通、愛という言葉にアクセントを置いて読んでいるのであるが。神は愛である。すなわち、人間の態度や心情や行為ではなく、神御自身が愛である」(ボンヘッファー『現代キリスト教倫理』、新教出版社、226頁)。つまり「愛」についての一般的概念から神を理解しようとするのではなく、逆に、神がイエス・キリストを通して、私たちに何をしてくださったか、そこから愛とは何であるかを理解しなければならないと言うのです。

私は「真理とは何か」についても、同じことが言えるのではないかと思います。私たちは、学問をして、探求をして、真理に到達できると考えるかもしれませんが、むしろ大事なことは、イエス・キリストが「私は真理である」と言われたということです。イエス・キリストがなさったこと、そしてイエス・キリストの語られたことの中に「真理とは何か」を理解するヒントがある。イエス・キリストが「真理を伝えるためにこの世に来た」ということは、内容的に言えば、まさに「神様の愛を伝えるためにこの世へ来た」ということでしょう。そこで示されている真理は、何か一般的な法則のようなものではありません。むしろ十字架を通して、神様が私たちに何をしてくださったのか。その出来事にあらわされた真理こそが、私たちを自由にする。聖書は、そう告げるのです。

罪、死、固定観念からの自由

それでは、この「真理」は、私たちを一体、何から自由にしてくれるのでしょうか。

第一は「罪から自由にされる」ということでしょう（34節参照）。イエス・キリストにつながらなければ、私たちは罪の奴隷でした。しかしイエス・キリストを受け入れる時に、そうした罪から解放されるのです。

第二は、「死から自由にされる」ということです（51節参照）。イエス・キリストにつながる時、私たちは決して死ぬことがないと約束されているのです。

さらに、悪しき伝統や固定観念からの自由ということもあるでしょう。イエス・キリストがここで向き合っておられるユダヤ人たちには、イエス・キリストの言葉や行為が、伝統から逸脱しているように思えました。これまでの考え方が、金科玉条のようになってしまっている。「真理」はそうした状態から自由にしてくれるものなのです。

クリスチャンもまた同様に、偏狭な、誤った聖書理解に陥ることがあることを知っておくべきでしょう。たとえば、欧米のキリスト教会にはユダヤ人に対する根強い反感があり、それが二十世紀のユダヤ人大虐殺につながりました。その背景には、「ユダヤ人は、イエス・キリストに敵対している。イエス・キリストを殺したのもユダヤ人」という考えがありました。

イエス・キリストによって自由にされるということは、固定観念からも解き放たれて、真理に近づく、神様の御心に近づくということを意味しているのです。

35 アブラハムとイエス

8章39～59節

アブラハムの子孫

「私たちはアブラハムの子孫です」（33節）、「私たちの父はアブラハムです」（39節）と言ったユダヤ人たちに対して、イエス・キリストは、「アブラハムの子なら、アブラハムと同じ業をしているはずだ」（39節）、そして「今、あなたがたは、神から聞いた真理をあなたがたに語っているこの私を殺そうとしている。アブラハムはそんなことはしなかった」（40節）と言われました。

さらにこう続けられます。「あなたがたは、自分の父と同じ業をしている」（41節）。この言葉には、「あなたがたの行動からすれば、アブラハムとは別の父がいるのだろう」という含みがあります。彼らはそこで「私たちは淫らな行いによって生まれたのではありません」（41節）と答えました。この言葉は自分たちへの侮辱に対する否定であると同時に、イエス・キリストへの攻撃にもなっていたと思われます。というのは、この当時からすでに、イエス・キリストは、マリアがヨセフと結婚する前、婚約中に生まれたという評判があったので、「お前こそ、姦淫の子だろう」と、売り言葉に買い言葉のような形で言い返したのです。

そしてこう言うのです。「あなたはサマリア人で悪霊に取りつかれていると、我々が言うのも当然ではないか」（48節）。突然サマリア人という言葉が出てきますが、イエス・キリストはサマリア人ではありません。この言葉の背景には、ユダヤ人たちのサマリア人に対する偏見と差別があります。人を悪く言うのに、言葉を思いつかないで、「このサマリア人め」と言ったのでしょう。

さらに、ご自分と神との親密な関係について述べ（49〜50節）、「私の言葉を守るなら、その人は決して死を見ることがない」（51節）と言われた主イエスに対して、彼らは、「私たちの父アブラハムよりも、あなたは偉大なのか。……一体、あなたは自分を何者だと思っているのか」（53節）と責め立てます。「アブラハムよりも偉大な人がいるわけはないではないか。これこそ、お前が神を冒瀆している決定的な証拠だ」。

「私の日を見た」

ところがそうした言葉を受け止めながら、イエス・キリストはこう言われます。

「あなたがたの父アブラハムは、私の日を見るのを楽しみにしていた。そして、それを見て、喜んだのである。」(56節)

これは少しわかりにくい言葉であるかもしれません。特に「それを見て喜んだ」というのは、解釈が分かれるところです。

一つの解釈は、「アブラハムは、まだこの地上で生きていた時に信仰のヴィジョンとして来るべきメシアを見ることが許された。そういう形で見て喜んだ」というものです。

もう一つは、「アブラハムは、この地上ではすでに死んでいるけれども今も天にあって生きている。そして天から、イエス・キリストがこの時地上で行っていることを見て、喜んでいるのだ」という解釈です。これはどちらもそれなりに意味のある解釈です。どちらかに決める必要もないでしょう。

イエス・キリストは、昨日も、今日も、そして明日も、とこしえにいますお方、アブラハムはイエス・キリストの時代から千八百年くらい前に生きた人ですが、イエス・キリストはアブラハムの時代もすでに存在しておられた。いや天地創造の時から存在し、父なる神様の傍らにあって、この天地創造の業に加わられた、というのが聖書の信仰です(コロサイ1・15～17参照)。その方が天と地を結んでくださっているがゆえに、私たちは天を仰いで生きることが許されています。

彼らは、「あなたは、まだ五十歳にもならないのに、アブラハムを見たのか」（57節）と言いました。五十歳というのは、当時、ユダヤ教の指導者ラビが引退する年齢であったようです。その批判に対して、イエス・キリストは「よくよく言っておく。アブラハムが生まれる前から、『私はある』」（58節）という言葉を語られました。

この「私はある」（エゴー・エイミ）というのは、ヨハネ福音書独特の表現です。遡れば、神ご自身がモーセに告げられた「私はいる、という者である」という神様の名前にも通じます（出エジプト記3・14、本書192～193頁参照）。この時、彼らの中には、イエス・キリストが「私はある」と言われたのを聞いて、神様の名前を語ったと思った人もいたでしょう。あるいは、「私は神である」と言ったと思った人もあるかもしれません。そのような中で、彼らはイエス・キリストを殺す決心をします。石を取り上げて、イエス・キリストに投げつけようとしました（59節）。「神を冒瀆する者は石で打ち殺されなければならない」ということでしょう。この8章の最初では、姦淫の女に向かって石が投げつけられようとしていましたが、今、その石がイエス・キリストに向けられて、8章が終わります。そしてやがて受難へと必然的に進んでいくことになります。

最愛の独り子の犠牲

この問答を読みながら、私は改めて次のことを思いました。神様がアブラハムに対してなさろうとしたこと、それは最愛の息子イサクを献げさせるということでした（創世記22・1～14）。あの時は、神様は最後の瞬間にそれを止められました。「待て。殺してはならない。もう十分だ」。ところが今は、神様自身が、最愛の息子、独り子であるイエス・キリストを犠牲としてお与えになられる。この時は、誰も止めることはありませんでした。そのようにして、イエス・キリストの十字架が実現していくのです。

イエス・キリストは、「あなたがたはその方を知らないが、私は知っている」、「私はその方を知っており、その言葉を守っている」（55節）とおっしゃいました。それは決して傲慢ではありません。神様自身が決意されていることを身に引き受けられる用意があったということです。

かつて洗礼者ヨハネは、「神はこんな石ころからでも、アブラハムの子たちを造り出すことがおできになる」（マタイ3・9）と言いました。それはファリサイ派やサドカイ派の人々に対して、「おごり高ぶるな」という意味でしたけれども、今、私たちはそれを恵みの言葉として聞きたいと思います。私たちは何の取りえもない、イエス・キリストの恵みにあずかる資格もないような存在ですが、神様はその石ころのような私たちを祝福の基であるアブラハム（創世記12・2）の子孫として心に留めてくださるだけではなくて、イエス・キリストの兄弟姉妹として、神様の子どもとしてくださったのです。

36　過去から未来へ

9章1〜12節

因果応報を超えて

なにか不幸（に思えること）が起こると、ましてやそれが続くと、「何でこんなことが起こるのか」と、誰しも考えてしまうのではないでしょうか。占い、時に新興宗教も、人の弱みを利用するような形で入ってくることがあるかもしれません。不幸に思える困難なことに遭遇した時、それまで何もなかったのに、「その日から多くの（新興）宗教の勧誘が来るようになった。キリスト教は来なかったけど」と聞いたことがあります。

「キリスト教は、因果応報のような考え方はしない」というのは大きなメッセージであると思います。そのことを高らかに告げているのが、ヨハネ福音書9章のこの物語です。この物語は、古来、何かしらの障碍《しょうがい》を負って苦しみ、悩んでいる多くの人々に希望の光を与えてきました。

旧約聖書の中にも、親の罪を子が負うという古い考えがないわけではありませんが（哀歌5・7など）、そうした時代の制約の中からもイエス・キリストに通じる福音の響きが聞こえてきます。

「あなたがたがイスラエルの地について『父が酸っぱいぶどうを食べると、子どもの歯が浮く』ということわざを口にしているのは、どういうことか。私は生きている――主なる神の仰せ。あなたがたはイスラエルで二度とこのことわざを口にすることはない。すべての命は私のものである。……罪を犯した者は、その者が死ぬ。」（エゼキエル書18・2〜4）

「子は父の過ちを負わず、父も子の過ちを負わない。正しき者の義はその人の上にあり、悪しき者の悪はその人の上に帰す。」（同20節）

革命的宣言

イエス・キリストと弟子たちの一行は、生まれつき目の見えない人を見かけ、弟子たちは、主イエスにこう質問しました。「先生、この人が生まれつき目が見えないのは、誰が罪を犯したからですか。本人ですか。それとも両親ですか」（2節）。

ここで弟子たちも因果応報という考えを当然のこととして前提にしています。誰も罪を犯していなければ、この人がこんな目にあうはずがない、と思ったのです。これはある意味でわかることです。神様が正しいお方であるとすれば、誰も悪いことをしていないのに、そんなことをなさるはずがないということでしょう。

イエス・キリストは彼らの質問に、こう答えられます。「本人が罪を犯したからでも、両親が罪を犯したからでもない。神の業がこの人に現れるためである」（3節）。

この言葉は、先ほどのエゼキエル書の言葉よりもさらに突っ込んだ、前向きの言葉です。エゼキエル書のほうは、「罪を負うのはその本人だけだ。災いが他の人に及ぶことはない」と言っているのですが、主イエスの言葉は、そこに新しい意味を見出させます。私たちの常識、あるいは固定観念を根底から覆す革命的な宣言です。

私たちは、不幸（に思えること）に遭遇する時、とかく後ろ向きに考えがちです。「自分のせいで、そうなってしまったのではないか」「あの時に、こうしていれば、こういうふうにならなかったのではないか」。しかしながらこのイエス・キリストの言葉は、弟子たちの質問そのものを否定しました。弟子たちは「一体どちらですか」と問うたのに、主イエスは、「神の業がこの人に現れるためである」と答えられました。弟子たちはその苦難の原因と責任を問いましたが、イエス・キリストはその苦難の意味と目的を語られました。彼らの目を過去から未来へと向けさせたのでした。

イエスは地面に唾をし、唾で土をこねてその人の目にお塗りになった。そして「シロアム――『遣わされた者』という意味――の池に行って洗いなさい」と言われた。(6~7節)

その通りにすると、その人は見えるようになりました。唾というのはいやしの力があると信じられていました。「シロアム」というのは「遣わされた者」という意味であると、わざわざ説明されています。シロアムとは、他ならぬイエス・キリストご自身のことであったと言おうとしているように思えます。そこでその人は新しくされたのです。

責任をもって生きる

弟子たちは「一体誰が罪を犯したから、こんなことになったのですか」と問いましたが、彼らは別にこの目の見えない人の苦しみを担っていこうとする気持ちはないようです。いわば興味本位の問いです。弟子たちは、この目の見えない人を横目で見ながら、「あの人は」と問いかけたのです。もちろんその問いそのものには大事な意味が含まれていますが、それは自分と関係のない話、自分の責任がかかっていない問いかけ方であるような気がします。この人は、いやされた後、人々の中に戻っていきます。近所の人々は、「これは、座って物乞いをしていた人ではないか」「その人だ」「いや違う。似ているだけだ」などと口々に言いました。彼らもまた、傍観者です。彼らの苦しみを担ったり、喜びを分かち合ったりということはないのです。

そのような中にあって、この目の見えなかった人は、はっきりと「私がそうです」（9節）と答えました。彼は、自分の実存をかけて責任ある答えをしました。その答えは、次第に彼を困った立場に追いやっていくのですが、彼はそのような圧力の中でも、逃げないで、はっきりと答え、自分の言葉に責任をもとうとするのです（11、17、25、36節参照）。

私たちは、イエス・キリストによって真に新しくされる時に、自分について責任をもち、イエス・キリストのあとに従っていく者とされるのではないでしょうか。

この時、もう一人、責任をもって発言をした人がいました。イエス・キリストです。イエス・キリストが「神の業がこの人に現れるためである」とおっしゃった時に、自分がかかわることを通して、それが現れると言っておられるのでしょう。「昼の間に行わねばならない。誰も働くことのできない夜が来る」（4節）。そう語りながら、イエス・キリストははっきりと自分の行く道、十字架を見据えておられたのです。そのように責任を引き受けながら言葉を語ってくださるお方によって、私たちも責任をもって生きる人間へと作りかえられていくのでしょう。

37　あなたの心を保て

9章13～25節

ファリサイ派の人々の質問

「本人が罪を犯したからでも、両親が罪を犯したからでもない。神の業がこの人に現れるためである。」（3節）

この「神の業」とは何を指しているのでしょうか。目が見えるようになったことでしょうか。前回、この聖句は、何かしらの障碍《しょうがい》を負って苦しんでいる多くの人々に希望の光となってきたと述べました。しかしその方々は、必ずしも肉体の障碍が取り除かれたわけではありません。この人の場合も、「神の業」は、むしろその後の展開において示されているように思います。

人々は、彼をファリサイ派の人々の所へ連れて行きました。ファリサイ派の人々は、彼がどのようにして見えるようになったのかを尋ねました。彼はこう答えます。「あの方が私の目にこねた土を塗りました。そして、私が洗うと、見えるようになったのです」（15節）。するとファリサイ派の人々の間で、議論が起こります。その日が安息日であったからです。安息日には、命に別状のないことは、どんな仕事もしてはならないと定められていました。「安息日律法に違反するような人が神のもとから来た人であるはずがない」ということでしょう。

彼らは再びこの人を召喚します。「目を開けてくれたということだが、お前はあの人をどう思うのか」。彼は「預言者です」（17節）と答えました。

彼らは、それでも納得せずに、今度は彼の両親を呼び出しました。彼らは二つの質問をします。一つは「この者はあなたがたの息子で、生まれつき目が見えなかったというのは本当か」ということ、もう一つは「それが本当であれば、どうして今は見えるのか」ということでした。

一つ目の質問に対しては、「これが私どもの息子で、生まれつき目が見えなかったことは知っています」（20節）と率直に答えました。それで一応、彼らの最低限の責任は果たしたと言えます。しかし二つ目の質問に対しては、「どうして今、見えるようになったのかは、分かりません。誰が目を開けてくれたのかも、私どもは分かりません。本人にお聞きください。もう大人ですから、自分のことは自分で話すでしょう」（21節）と、明答を避けました。核心部分の質問になると、はぐらかすのです。罪に問われないためです。ヨハネ福音書記者自身がこう説明しています。「両親がこう言ったのは、ユダヤ人たちを恐れていたからである。ユダヤ人たちはすでに、イエスをメシアであると告白する者がいれば、会堂から追放すると決めていたのである」（22節）。

「会堂から追放する」というのは単に会堂に入れないだけではなく、共同体から外されるということ、村八分にされるということを意味していました。彼らは言わば、そうしたぎりぎりの状況で、自分の身を守るために、息子を自分たちから切り離したわけです。

戦時下の教会

私はこれを読んで、戦時中に日本の教会が取った態度を思い起こしました。日本のすべてのプロテスタント教会は、一九四一年、宗教団体法のもとに日本基督教団として合同させられました。国家が教会をひとつにまとめて管理、統制しやすくしたのです。そうした中で、「イエス・キリストが再び現れたら、天皇とどちらが偉いのか」という究極的な問いが教会に突きつけられます。それに対して、ホーリネス系の教会の指導者たちは、はっきりと「イエス・キリストです」と答えました。それは、彼らにとって、どうしても譲ることのできない一線であったのです。それによって何人もの人々が投獄され、獄死しました。しかし多くのキリスト教会は、「それは次元が違うので、比べられません。あの人たちの再臨の信仰は、私たちとはかなり違います」と言って、いわば切り離したのです。

私たち（特に戦後生まれの私のような者）は、安易にその態度を批判できません。特に教会の指導者たちは、そのようにして教会を守り、教会の信徒たちを守ろうとしたことを見逃してはならないでしょう。

しかしそれでもなお、今同じことが起きたら、私たちはどうするのかと問わざるを得ないのです。その状況で犠牲になっている人々との連帯を続けるのか、切り離してしまうのか。そういうところでこそ、実は私たちの信仰が問われるのです。

この時に目の見えなかった人の両親が言ったことも間違いではありません。しかも彼らは最小限の責任をきちんと果たしています。しかし彼らの答えが何を意味していたか。それは彼らがそれによって身を守り、会堂追放を免れたということです。息子はやがて会堂を追放されることになります（34節参照）。

生き方が変わること

ファリサイ派の人々は、両親に続いて再び彼を呼び出して、問いただします。

「神の前で正直に答えなさい。私たちは、あの者が罪人であることを知っているのだ」（24節）。彼らは、「正直に答えよ」と言いながら、ある答えを強要しようとしています。一種の脅しです。それに対して、彼は「あの方が罪人かどうか、私には分かりません。ただ一つ知っているのは、目の見えなかった私が、今は見えるということです」（25節）と答えます。彼の答えは、ファリサイ派の人々が求めていた答えではありませんでしたが、彼はここで「自分の心をごまかしてはいけない。それをはっきり告げることこそが自分に求められているのだ」と悟るのです。

彼とファリサイ派の人々との問答はさらに続きます。そのやり取りの中で、彼の信仰はだんだんはっきりしていきます。私はむしろそういうプロセスを経て、彼の身に起こったこと、彼の言葉がある方向に導かれていったこと、彼の生き方の中に変化が現れたこと、それこそが「神の業がこの人に現れる」ということではなかったかと思うのです。

守るべきものすべてにも増して
　あなたの心を保て。
命はそこから来る。
ねじ曲がった言葉をあなたの口から退け
ゆがんだ言葉を唇から遠ざけよ。

目は正面を見据え
まなざしを前にまっすぐ向けよ。
あなたの道のりに気を配れ
あなたの歩みは確かなものとなる。（箴言4・23～26）

38 見える、見えない

9章26〜41節

「裁く」ために来た

「私がこの世に来たのは、裁くためである」(39節)。この言葉は私たちをどきっとさせますが、あまり早合点でとらえないほうがよいでしょう。別の箇所では、こう記されています。「神が御子を世に遣わされたのは、世を裁くためではなく、御子によって世が救われるためである。御子を信じる者は裁かれない。信じない者はすでに裁かれている。神の独り子の名を信じていないからである」(3・17〜18)。一見矛盾するように見えます。どう理解すればよいのでしょうか。それは、イエス・キリストは、裁くために来たのではないけれども、実際には、イエス・キリストの存在自体が人を裁く働き、人を分ける働きをするということではないでしょうか。「裁く」という言葉は、もともとは「取り分ける」ということでした。

ヨハネ福音書9章の後半を読んでいきますと、イエス・キリストが人を分ける試金石のような存在であるということがわかります。ファリサイ派の人々の意思が、だんだんはっきりしてくる。それと同時に、目が見えなかった人の意思もはっきりしてくるのです。その分かれ目は一体何なのでしょうか。一言で言えば、イエス・キリストを受け入れるかどうかということになるでしょうか。しかし別の言い方をすれば、そこで聞く耳をもっているかどうか、自分が他者に対して開かれているかどうかと言ってもよいかもしれません。

自分に有利な言葉だけを聞く

ファリサイ派の人々はしつこく問い続けます。「あの者はお前にどんなことをしたのか。お前の目をどうやって開けたのか」（26節）。何とかしてイエス・キリストを陥れる証言を得たいと思ったのでしょう。しかし彼はその脅迫に屈せず、ちょっと冷ややかに言います。「もうお話ししたのに、聞いてくださいませんでした。なぜまた、聞こうとなさるのですか」（27節）。彼らの耳は、あることに向かってしか開いていません。もう結論は決まっているのです。自分は変わる気はない。それに有利な証言だけを聞こうとしている。

アメリカは、九・一一の後「イラクが大量破壊兵器を保有している」という情報を得ました。それはアメリカがイラクに戦争をしかける大義になるものですから、それを立証するのに役立つ情報であれば、どんな小さな情報でもかき集めたいと思いました。ニセの情報にも飛びつきました。自分がアンテナをはっている方向の言葉は極力拾い集めましたが、それに不利な言葉、本当に聞くべき言葉には、耳を傾けなかった。聞いていても聞こえていないかのごとく、素通りしていったのです。もはや情報を公平に吟味して、客観的な判断をくだすことができなくなってしまう。そこで、本当のことを言っている相手に対しては、突然怒り出すのです。

ここでのファリサイ派の人々も、どうもそれと同じようです。この目の見えなかった人は続けます。「あなたがたもあの方の弟子になりたいのですか」(27節)。この言葉には皮肉がこめられていますが、「あなたがたも」と言っていますので、彼自身は弟子になりたいという気持ちが表れています。「預言者です」(17節)という言葉から一歩前進しました。ファリサイ派の人々との問答が、彼の気持ちをよりはっきりさせていくのです。

「知っている」「知らない」

一方で、ファリサイ派の人々は怒り出します。「お前はあの者の弟子だが、我々はモーセの弟子だ。我々は、神がモーセに語られたことは知っているが、あの者がどこから来たのかは知らない」(28〜

29節）。プライドを傷つけられたと感じたのです。

彼のほうも黙ってはいません。「あの方がどこから来られたか、ご存じないとは、実に不思議です。あの方は、私の目を開けてくださったのに」（30節）。彼の言葉には、「もう何も恐れない」という強い意志が秘められています。ファリサイ派の人々は、彼を論理的に説得することも、正面から反論することもできず、ただ彼を会堂から追放してしまうのです。

このやり取りのキーワードは、「知る」「分かる」という言葉です。「あの者が罪人であることを知っているのだ」（24節）。「あの方が罪人かどうか、私には分かりません」（25節）。「我々は、神がモーセに語られたことは知っているが、あの者がどこから来たのかは知らない」（29節）。「あの方がどこから来られたか、ご存じないとは、実に不思議です」（30節）。

ファリサイ派の人々は、自分たちが神について、聖書について知っているということを前提に話をしています。「知っている」という意識、それがかえって、他のことに対して閉ざす結果になる。その判断基準に当てはまらないイエス・キリストについては「知らない」という一点張りになってしまうのです。逆に「自分は知らない」ということから出発する人（生まれつき目の見えなかった人）は、かえって自由にイエス・キリストを本物だと見抜くことができました。イエス・キリストの、「私がこの世に来たのは、裁くためである。こうして、見えない者は見えるようになり、見える者は見えないようになる」（39節）という言葉は、その事実を指し示しているのでしょう。英語でも“see”という言葉は、「見る」「見える」という意味と「わかる」という両方の意味をもっています。

ファリサイ派の人々が「我々も見えないということか」と憤慨した時、主イエスは、「見えない者であったなら、罪はないであろう。しかし、現に今、『見える』とあなたがたは言っている。だから、あなたがたの罪は残る」（41節）と言われました。

哲学者のソクラテスは、「無知の知」という有名な言葉を残しました。「私は一体何を知っているだろうか。突き詰めて考えれば、ただ一つだけ確実なことがある。それは『私は知らない』ということを知っているということだ」。信仰もそれと似たところがあります。「私は知らない。私は見えていない」と自覚していることが、信仰の入り口です。

目の見えなかったこの人は、会堂を追い出された後、イエス・キリストに再び出会います。主イエスの「あなたは人の子を信じるか」（35節）という呼びかけに応答し、最後には「主よ、信じます」（38節）と言って、イエス・キリストの前にひれ伏しました。この時、決定的な信仰へと導かれ、この方こそが「救い主」（人の子）であることがわかったのでした。

39 本物の羊飼い

10章1〜13節

過酷な羊飼いの仕事

聖書の中には、羊や羊飼いの話がたくさん出てきます。ユダヤ・パレスチナ地方に住む人々にとって、羊や羊飼いは身近な存在だったからでしょう。私たち日本人は、羊飼いの生活というとのどかな「牧歌的生活」を思い浮かべがちですが、それは非常に過酷なものでした。狼や盗人など、さまざまな敵から自分の羊を守る、大切な、そして大変な仕事でした。ダビデがペリシテの巨人ゴリアトと対決することになった時、自分は小さい頃から、羊飼いとしてライオンや熊と戦ってきたと話しました（サムエル記上17・34〜35参照）。ヨハネ福音書10章の言葉も、羊飼いの生活が非常に厳しいものであること、絶えず危険に直面していることを前提にしています。

10章全体の主題のようにして響いてくるのは、「私は良い羊飼いである」という言葉です（11、14

節）。「私は何々である」（エゴー・エイミ）というのは、以前述べたように、イエス・キリストが誰であるかを示すヨハネ福音書独特の定式（言い回し）です。この他にも「私は羊の門である」（7節）、「私は門である」（9節）という言葉が出てきますが、これも同じ定式です。

今回は、良い羊飼いとはどういう存在であるのかを、二つの偽者《にせもの》と対比しながら聞き取りたいと思います。一つは盗人との対比、もう一つは雇い人との対比です。

盗人との対比

「羊の囲いに入るのに、門を通らないでほかの所を乗り越えて来る者は、盗人であり、強盗である。門から入る者が羊飼いである。門番は羊飼いには門を開き、羊はその声を聞き分ける。羊飼いは自分の羊の名を呼んで連れ出す。自分の羊をすべて連れ出すと、先頭に立って行く。羊はその声を知っているので、付いて行く。」（1〜4節）

羊飼いは、羊が外に出て迷ってしまわないように、羊が跳び越すことのできない高さの、大きな囲いを作っていました。羊飼いは朝、正規の入り口である門を通って羊の囲いの中に入り、羊たちを草のある牧場へ連れて行きます。ところが家畜泥棒や強盗たちは、夜、柵を乗り越えて羊を奪っていきました。

移動する時には、羊飼いは羊が野獣や泥棒の餌食にならないよう、羊の先頭に立って行きました。そして一匹一匹名前をつけて、名前でもって羊たちを呼びました。

ここで「盗人」「強盗」とたとえられているのは、どういう人のことなのでしょうか。主イエスは、「私より前に来た者は皆、盗人であり、強盗である」（8節）と言われますが、これは、旧約聖書の預言者やモーセのような人たちのことではありません。彼らはイエス・キリストと同じ方《かた》を指し示した先駆者でした。そうではなく、神様の権威を自分のために利用してきた人たちと言えるでしょう。9章の終わりでファリサイ派の人々とイエス・キリストの間に対立がありました。彼らは「我々も見えないということか」（9・40）と主イエスに食ってかかりましたが、10章の言葉は、そのファリサイ派の人々に向かって語られていることを見逃してはならないでしょう（6節）。彼らは、まさか自分たちのことを言われているとは思わなかったでしょう。

私は牧師として説教の準備をしながら、しばしばその聖書の言葉に、私自身が裁かれたり、救われたりする経験をしますが、今回の言葉は、本当に厳しく、ぐさりと胸に突き刺さる言葉でありました。「牧師」（pastor）というのは文字通り、羊飼いということですが、私もここで「盗人」「強盗」と呼ばれている人とさほど変わらないのではないかと思いました。「私は、自分の仕事や生活のために、神様の権威を利用しているのではないか。私ももしかして、神様の栄光のためにではなく、自分の栄光のために働いているのではないか」。あの使徒パウロでさえも、心当たりがあったのでしょう。彼はこのように述べています。

今私は人に取り入ろうとしているのでしょうか、それとも、神に取り入ろうとしているのでしょうか。あるいは、人の歓心を買おうと努めているのでしょうか。もし、今なお人の歓心を買おうとしているなら、私はキリストの僕《しもべ》ではありません。（ガラテヤ1・10）

パウロのような優れた指導者であっても、いやそうであればこそ、それによって自分を高めようとする誘惑が大きいことを深く自覚していたのでしょう。逆に言えば、それを意識することなく、自分は神様のために働いていると信じ込み、明言することのほうが恐ろしいような気もします。これは本当に紙一重のことです。牧師というのは、誰でもそのような危険性をもっていることを自覚しておいたほうがよいと思っています。常にまことの羊飼い、良い羊飼いであるイエス・キリストを見ながら、その鏡に照らして自分を正していかなければならないでしょう。

雇い人との対比

もう一つ、主が「良い羊飼い」「本当の羊飼い」と対比的に語られたのは、「雇い人（の羊飼い）」です。「私は良い羊飼いである。良い羊飼いは羊のために命を捨てる。羊飼いでなく、自分の羊を持たない雇い人は、狼が来るのを見ると、羊を置き去りにして逃げる。……彼は雇い人で、羊のことを心にかけていないからである」（11～13節）。羊飼いにとって、羊を守るために危険にさらされるのは、日常茶飯事でした。羊のために、実際に命を失った羊飼いもたくさんいたようです。

この言葉も自分に照らし合わせてみれば、私は、良い羊飼いとは程遠い、懺悔《ざんげ》せざるを得ないような経験を何度も繰り返しています。厳粛な思いにさせられます。一体誰がこの言葉に耐えうるでしょうか。人間である牧師は、この羊飼いと雇い人の間を行ったり来たりしているのだと思います。あのシモン・ペトロもどこまでもイエス・キリストに従うつもりでしたが、危機的な状況では主イエスを否定してしまいます。しかしそのペトロを、主イエスは羊飼いとして立てられるのです（13・37、18・27、21・15～17参照）。

最後にもう一度、「私は良い羊飼いである。良い羊飼いは羊のために命を捨てる」という主イエスの言葉を心に刻みたいと思います。主イエスは、この言葉通りに生き、この言葉通りに死ぬことによって、羊飼いとしての使命を全うされました。その羊飼いに、私たちは生かされています。そしてその良い羊飼いを模範としつつ、私たちは、牧師も一般の信徒も、小さな羊飼いとしてそれに続くようにと招かれているのです。

40　囲いの内と外

10章14～30節

「イスラエルの民」という囲い

「私には、この囲いに入っていないほかの羊がいる。その羊をも導かなければならない。」（16節）

「この囲い」とは、一体どういう囲いでしょうか。そこにはどういう意味が含まれているのでしょうか。考えれば考えるほど広い意味と深い味わいがあるように思います。

この言葉がユダヤ人のファリサイ派の人々に向かって語られたことを考えると（6節）、この囲いの内と外というのは、第一義的には、「イスラエルの民と異邦人」ということでしょう。イエス・キリストは、イスラエルの歴史において、ダビデの子として待望されたメシア（救い主）でした。

ある異邦人の女性（カナンの女）が主イエスに娘のいやしを懇願した時、主イエスは、「私は、イスラエルの家の失われた羊のところにしか遣わされていない」（マタイ15・24）、「子どもたちのパンを取って、小犬たちに投げてやるのはよくない」（同26節）と退けられました。しかし彼女が「小犬も主人の食卓から落ちるパン屑《くず》はいただきます」（同27節）と食い下がると、主イエスはとうとう、「女よ、あなたの信仰は立派だ。あなたの願いどおりになるように」（同28節）と語られ、彼女の娘の病気はいやされました。イエス・キリストご自身が、自分を限定しようとしているにもかかわらず、同時にその囲いを越える力が働いているのです。イエス・キリストの愛は、限定することができない。限定しようと思っても、それを突き破っていくのです。

第二に「ユダヤ人クリスチャン」と「異邦人クリスチャン」という囲いもあるでしょう。ヨハネ福音書記者がこの福音書を記した時には、すでにキリスト教会が生まれていました。しかしキリスト教会の中にも、ユダヤ人教会と異邦人教会があり、また同じ教会の中にユダヤ人クリスチャンと異邦人クリスチャンがいることもありました。最初のクリスチャンたちは、ユダヤ人でした。彼らは割礼を受け、選民意識ももっていました。そこに異邦人クリスチャンが加わっていく。使徒言行録はそのあたりの事情を詳しく書いています。ユダヤ人クリスチャンたちは自分たちこそ囲いの中にいる羊と思っていたでしょうけれども、その囲いの外にも異邦人クリスチャンがいたのです。

「教会」という囲い

さらにこの囲いは、聖書の時代を超えて、現代にまでつながるものでもあります。例えば、ローマ・カトリック教会は、かつて「（カトリック）教会の外に救いなし」と言って、自分たちこそ、まことの唯一のキリスト教会だと主張していました。しかし一九六〇年代の第二バチカン公会議以降、カトリック教会も随分変わり、「他の教会も正しいイエス・キリストの教会だ」ということを認めるようになり、エキュメニカル運動は急速に進展していきました。その背景にはこのイエス・キリストの「私には、この囲いに入っていないほかの羊がいる」という言葉があり、閉鎖性を突破させる役割を果たしたのだと思います。

プロテスタントとカトリックを含めて、「教会の内と外」という囲いもあるでしょう。イエス・キリストは、「私は門である。私を通って入る者は救われる」（10・9）、「私は道であり、真理であり、命である。私を通らなければ、誰も父のもとに行くことができない」（14・6）と語られました。これらの言葉は閉鎖的な言葉であるように聞こえるかもしれません。しかしこの言葉は「イエス・キリストを救い主と告白した人間だけが救われる」と言おうとしているわけではありません。誰かが救われるところでは、そこには（本人が知らずとも）、必ずイエス・キリストが働いておられるという恵みの事実、あるいはそのような信仰を言い表した言葉であると思います。

神様は教会を超えたお方です。神様の働きは、自由です。風のようにどこにでも働くことができる。その自由な、そして不思議な神様の働きを、教会が自らの管理下に置き、あたかも自分たちの専売特許であるかのように独占することはできません。

特に今日、民族間の対立、宗教間の対立、無理解が世界中に渦巻いています。そうした中で、異なった者がいかに共に生きていくか、いかに地球の将来を共に担っていくかということを考えるのは、緊急の課題です。「私には、この囲いに入っていないほかの羊がいる」というイエス・キリストの言葉を、私たちクリスチャンは自分自身を吟味し、反省する言葉として受けとめたいと思うのです。

その羊も私の声を聞き分ける

ここに不思議な言葉が記されています。「その羊（囲いの外の羊）をも導かなければならない。その羊も私の声を聞き分ける」（16節）。囲いの外の羊もイエス・キリストの声を聞き分けるというのです。

これは、クリスチャンではない人も、イエス・キリストの声を聞いて、「確かに彼は正しいことを言っている」とわかるということではないでしょうか。私はそういうところに、この世界の将来を共に担っていく道を見出すことができるのではないかと思います。

一つの例として、インドのマハトマ・ガンディーのことを思い起こします。彼は、イエス・キリストの山上の説教から多くのことを学んで、非暴力抵抗運動を実践していきました。彼はヒンドゥー教徒であったことからすれば、イエス・キリストの「囲いの外の羊」であったと言えるかもしれません。そしてこのヒンドゥー教徒のガンディーから、クリスチャンのマーティン・ルーサー・キング牧師が非暴力抵抗運動を学んでいくのです。これは本当に不思議な連鎖であると思います。

イスラームを信じる人たち。他の信仰に生きる人たち。そこにもイエス・キリストによって養われた人々がいる。イエス・キリストのこの囲いの「内」と「外」というのは、そこまで見据えているのではないでしょうか。

さらに、この言葉はもしかすると、最近のエコロジー神学の視点からすれば、「神様が守られるのは人間だけではない。他の動物たち、あるいは他の生物たちのことまで、ご自分の羊として配慮しておられる」ということも語っているのかもしれません。私たちの想像をはるかに超えたところまで、神様の業は進展していくのです。

「こうして、一つの群れ、一人の羊飼いとなる」のです（16節）。

41　業《わざ》を信じるとは

10章22〜42節

神殿奉献記念祭

5章以来、ユダヤ人の宗教的指導者たちとイエス・キリストの論争が何度も起こり、その都度、対立が深まってきました。この10章の終わりは、その対立が決定的になったことを記しています。

「その頃、エルサレムで神殿奉献記念祭が行われた。冬であった」(22節)。神殿奉献記念祭というのは、ユダヤ人の祭りの中では比較的新しい出来事に由来しています。紀元前一六九年にエルサレム神殿が、シリアの王アンティオコス四世エピファネスによって侵略され、シリアの軍隊がこの神殿を占拠しました。そして、このエルサレム神殿の中でギリシアの神々を礼拝し始めたのです。イスラエルの人たちは、これに強く反発し、とうとうユダ・マカバイという人物が紀元前一六四年に、エルサレム神殿を奪回しました。そこで改めて聖書の神ヤハウェをその祭壇で礼拝したのが、神殿奉献記念祭の由来です（『旧約聖書続編』の中のマカバイ記一4章参照）。その時に神殿を建てて奉献したのではなく、奪回していわば再奉献したことになります。口語訳聖書では「宮きよめの祭り」と訳されていました。

ヨハネ福音書記者が、「神殿奉献記念祭」（宮きよめの祭り）に言及しているのは、ここでイエス・キリストがなされることは、いわば、一種の「宮きよめ」であったという含みがあるのでしょう。当時の宗教家たちによって堕落し汚れてしまったものを、もう一度元へ戻す。「冬であった」というのも、彼らとの議論が非常に厳しいものであったことを象徴しているのかもしれません。いずれにしろ、その場にいたユダヤ人たちは、イエス・キリストを殺さなければならないと決意するのです。

「私と父は一体である」

彼らは、イエス・キリストに向かってこう問いかけました。「いつまで私たちに気をもませるのか。もしメシアなら、はっきりそう言いなさい」（24節）。彼らはイエス・キリストのことでやきもきし、いらだっていました。もっともイエス・キリストが「そうだ。私はメシアだ」と言われたとしても、彼らは決して認めなかったでしょう。イエス・キリスト自身も、「私は言ったが、あなたがたは信じない」（25節）と言っておられるとおりです。さらに主イエスは彼らの問い以上のことを述べられました。「私と父とは一つである」(30節)。メシアというだけであれば、まだあくまで人間です。しかし主イエスは、その一線を踏み越えた答えをされたのです。ここで彼らの怒りは頂点に達し、再び石を取って投げつけようとしました(8・59参照)。彼らにしてみれば、もうこれ以上は聞くにたえない。傲慢の極致、神を冒瀆した言葉だと思ったのです。「あなたは、人間なのに、自分を神としている」(33節)。

もしもイエス・キリストがただの人間であれば、彼らの言うことは当たっていたでしょう。それをどこで見極めればよいのでしょうか。彼らの問いかけに対して、イエス・キリストはまず、旧約聖書の引用で答えられます。

「あなたがたの律法に、『私は言った。あなたがたは神々である』と書いてあるではないか。神の言葉を託された人たちが、『神々』と言われ、そして、聖書が廃れることがないならば……」(34〜35節)

これは、詩編82編1節と6節の言葉を下敷きにしています。1節は「神は神の集いの中に立ち神々の間で裁きを下される」という言葉です。一神教のユダヤ教・キリスト教なのに、どうして

「神々」などと言われるのだろうか、と思われる方もあるでしょう。確かに、「神々」という表現には抵抗がありますが、これはあくまで人間のことであり、指導的な責任をもっている人たちのことだと言えます。神々にたとえられるほど尊い（はずの）存在という意味で、こういう表現をしているのです。詩編はこう続きます。

「あなたがたはいつまで不正に裁き
悪しき者におもねるのか。
弱い人やみなしごのために裁き
苦しむ人や乏しい人を義とせよ。
弱い人や貧しい人を救い
悪しき者の手から助け出せ。」（詩編82・2～4）

神々にたとえられるほどの存在がそれにふさわしい裁きをしていないではないか、ということです。一種の皮肉とも取れます。

さて、ヨハネ福音書にかえりますと、主イエスの答えはこういう論理です。「聖書の中でも、神の働きをなすべき人を『神々』と呼んでいる。きちんとその使命を全うしていないような人も『神々』と呼ばれているとすれば、父の御心を行っている私が『私は神の子である』と言っても神を冒瀆したことにはならないはずだ」。

業を見て、自分で悟ること

ただし、これは彼らの訴えを退けるための応答でしょう。言葉の上での反論です。しかし彼らにしても、私たちからしても、本当に聞きたいのはその先のことでしょう。イエス・キリストは、本当に救い主なのか。神に等しい方という意味で、神の子なのか。洗礼者ヨハネも、弟子たちを主イエスのもとに遣わして「来るべき方は、あなたですか。それとも、ほかの方を待つべきでしょうか」（マタイ11・3）と尋ねさせました。それに対し、主イエスは「そうだ。わたしだ」とは答えられず、「何が起こっているか注意して見るように」と間接的にお答えになりました（マタイ11・4〜6参照）。

ここでも主イエスは、「私を信じられないというならば、それでもいい。しかし私の業を見て欲しい。何がここで起こっているか。そうすれば、私が父なる神の業を行っているということがわかるはずだ」（37〜38節参照）と答えられます。そして「あなたがたは知り、また悟るだろう」（38節）と付け加えられました。「確かにこの方は、神から遣わされた救い主だ」ということは、自分で悟るべきことなのです。

ここで主イエスがおっしゃっている業とは何でしょうか。直接的には、盲人の目を開けられたことかもしれません（9・7）。それも不思議な超能力というよりは、愛のあらわれでしょう。さらにイエス・キリストの業というのは、それを超えてイエス・キリストの生涯全体で示された業、特に十字架にかかるという業を示しているのではないでしょうか。それは愛の結実でありました。神様の愛がそこに集約されているのです。

松本敏之《まつもととしゆき》

1958年、兵庫県姫路市に生まれる。

立教大学文学部キリスト教学科卒業、東京神学大学大学院修士課程修了、ニューヨーク・ユニオン神学大学院STMコース修了。

日本基督教団阿佐ヶ谷教会伝道師、サンパウロ福音教会牧師、ブラジル・アルト・ダ・ボンダーデ・メソジスト教会牧師、弓町本郷教会副牧師、経堂緑岡教会牧師を経て、2015年より鹿児島加治屋町教会牧師・鹿児島敬愛学園敬愛幼稚園園長。

《著書》
『マタイ福音書を読もう1　一歩を踏み出す』『マタイ福音書を読もう2　正義と平和の口づけ』『マタイ福音書を読もう3　その名はイエス・キリスト』(以上、日本キリスト教団出版局)、創世記説教集全4巻『神の美しい世界』『神に導かれる人生』『神と人間のドラマ』『神の壮大な計画』(以上、キリスト新聞社)
《監修・共著》
『牧師とは何か』『そうか！なるほど!! キリスト教』(以上、日本キリスト教団出版局)

ヨハネ福音書を読もう　上　対立を超えて

2021年12月15日　初版発行

著　者　松　本　敏　之
発　行　日本キリスト教団出版局
169-0051　東京都新宿区西早稲田2丁目3の18
電話・営業03 (3204) 0422、編集03 (3204) 0424
https://bp-uccj.jp

印刷・製本　三秀舎

ISBN 978-4-8184-1097-8　C0016　日キ販
Printed in Japan